IDEA AND METHOD

Research on Problems

of Operating and Management

理念与方法

经营管理
若干问题研究

沈立强◎著

上海人民出版社

　　沈立强　大学学历，工商管理硕士，高级会计师。上海金鼎金融历史文化发展基金会理事长，上海市银行博物馆馆长。上海市第十三、十四届人大代表，首届沪上十大金融家。

　　从事金融工作数十年，先后在中国人民银行和中国工商银行任职，分别在浙江、河北、上海、北京等地工作。历任中国工商银行浙江省分行副行长、党委副书记兼杭州市分行行长、党委书记，河北省分行行长、党委书记，上海市分行行长、党委书记，工银瑞信基金管理有限公司董事长。曾任上海市银行同业公会会长、上海财经大学校董会董事、中国石化上海石油化工股份有限公司独立董事等职务。出版《规矩与方圆》《传承与创新》等专著，主编出版多部金融著作。是中国金融业改革发展的见证者和践行者。

序

在现代商业文明中，企业在经济社会中扮演着越来越重要的角色。人们每时每刻都在与企业和产品打交道，企业既是产品和服务的提供者，也是生产要素的需求者；企业直接承担着社会生产和流通的任务，并通过不断的技术进步推动社会文明发展。现代化企业依托飞速发展的信息科技技术，使人与信息、人与企业产生前所未有的广泛、便捷、紧密的联系。

随着企业变革的日新月异，其组织形式也日趋五花八门，除了提供求职就业、商业伙伴、创业创新外，更广泛地涉猎与民生相关的教育、消费、医疗，乃至国防、军工，对社会、家庭产生了前所未有的影响。身处变革的时代，企业的变化更迭已经成为一种常态。

因工作性质的关系，笔者接触各行各业的机会比较多，尤以企业居多。整个职业生涯经历了计划经济、改革开放下的市场经济、三期叠加的经济新常态等不同发展阶段，在工作实践之余，时常思考探索企业的有效发展以及经营管理的"变"与"不变"的创新发展问题，对企业在不同时期、不同条件下的境况感触良多。经常可以看到：一些企业，资源禀赋并不差，自身发展条件也良好，但由于理念上的差异，结果经营行为出现偏差，最终被市场所淘汰；一些企业，在规模、地域等要素上虽处于劣势，发展环境受限，但在管理方法上得当，勤勉务实，结果后来者居上，成为鹤立鸡群的佼佼者；一些企业，缺乏对经营管理的规律性认识，短期急功近利，罔顾长远的发展，这样的企业虽能风光一时，最终却无法逃脱市场经济昙花一现的宿命。

现代企业创新为市场竞争营造了良好的发展空间，但作为一个优秀的企业，在经营管理上追根溯源其经营理念是相通的。实践是检验企业有效发展的唯一标准，这些优秀企业的经营行为背后折射出管理者的思想与智慧。因此，经营管理的"变"与"不变"取决于与时俱进的理念与方法。

隔行如隔山，讲的是外行人通常不懂内行人的门道，局外人"食而不知其味"。从技术和知识结构上看，在一些特殊产业，例如科技、金融、医药等领域，管理者需要拥有专业的学术背景，因为只有通过大量的知识和从业经验积累，才能掌握行业规律，引领企业发展。在管理模式上，不同行业适用不同的组织框架，诸如职能型、矩阵型、项目型，每种框架都有不同的管理方法。

随着经济社会的高速发展，企业的分工更加百花齐放，由"大而全"的发展模式，不断孕育出大量"小而美"的企业。即使在同一经济周期，上下游企业由于产业结构的差异，往往也会经历冰火两重天，行业的差异只有置身其中，才会有最真切的体会。

隔行不隔理，指的是做人做事的方法具有相通性。企业经营管理既要面对诸多的"不确定"因素，也有不少可选择的"确定"因素。从管理的角度看，无论经营什么企业，外在的表现虽不同，内在的原理却相通。这种"理"的确定性，就是管理者的"理念与方法"，它构成了企业发展的内生动力。企业发展史上的"百年老店"，无不经历风雨，最终依靠科学的管理、深厚的企业文化底蕴、执着的工匠精神得以传承和延续。

　　企业发展犹如历史演绎，分久必合，合久必分，必定经历各种变革，形成螺旋式发展。成功的企业相互之间呈现竞合关系，一家企业不能独善其身，跨界合作、资源整合才能赢得未来。从这个意义上讲，如今不同行业的联系比以往更加紧密了，管理者倘若坐井观天，缺乏通识的素养，那么企业将面临很大的不确定，甚至可能瞬间陷入巨大风险之中。

　　经营管理是一门高雅的管理艺术。管理者既要利用系统化的知识，根据企业实情加以合理运用，又要发挥自身的创造性，谋划出一种有用的解决方法来获得预期效果。

　　艺术之雅，源于生活而高于生活，它能激发艺术家的灵感，创造构思出独特的品位和风格；经营之道，源于实践而用于实践，它折射出企业家的理念和方法，成就企业的价值创造。这种实践、总结、提炼、创造，不断精益求精的过程就是管理和艺术的异曲同工之处。多年的商业银行经营实践，让笔者深刻感受到，银行的经营也必须遵循经济规律，按金融企业的规律办事。

银行是经营存款、放款、汇兑等业务，充当金融中介的信用机构。就性质来说，它与一般企业无异，只是经营的产品不同而已。事实上，银行的业务活动，原本就是工商企业经营活动的一部分，只是由于社会分工的发展，工商企业才把货币保管、货币清点和支付、企业信用等业务活动转移到银行，因此，我们说银行是特殊企业，是由于它与一般企业所经营的产品不同而已。一般企业经营的是普通商品的生产销售，银行经营的则是特殊商品——货币的结算和资本的借贷。银行活动领域是货币信用领域，信用创造是其经营的特征。

因此，商业银行与普通企业的性质是一脉相承、殊途同归的经营实体，从经营管理角度来看，它们的经营理念、解决问题的方法和所要达到的目标是一致的，万变不离其宗。

近几年，笔者围绕经营管理实践，先后撰写了《规矩与方圆》《传承与创新》两书。在写本书《理念与方法》之前，犹豫了很长一段时间，总感觉难度太大，主要原因是：首先，现代企业管理在中国的实践应用时间太短，积累的经验不够，认识还相对肤浅；其次，因为在当代社会环境下，价值观多元化，看法不尽相同，导致对一些问题的理解相差甚远。之后，经过考虑再三，终于鼓足勇气，将笔者在实践中的所思所想整理出来。本书试图通过对"理念与方法"的探索研究，找出企业经营管理在不同环境中"变"与

"不变"的奥秘，以飨各位读者。

编写此书的目的，主要是与大家分享工作中对一些经营实践的认识和感悟，既可与读者交流沟通，也可供学者探讨研究。在本书编写过程中，我的同事和朋友提出了很多建议，也提供了各种帮助，借此机会一并表示衷心的感谢！由于本人水平有限，理解难免有不妥之处，敬请读者批评指正。

二〇一八年六月

目 录

Contents Contents Contents Contents Contents

Contents Contents Contents Contents Contents Con

Contents Contents Contents Contents Contents Contents

Contents Contents Contents Contents Contents Con

Contents Contents Contents Contents Contents Contents

第一章

现代企业观

　　以史为镜，方知兴替。企业是人类历史发展到一定阶段的产物，作为一种经济组织，它有着内在的发展规律，在人类社会的历史长河中起到巨大的推动作用。伴随企业经营管理理念与方法的变革发展，企业从原始的手工作坊开始，到当今信息化社会、互联网时代，已经成为现代社会文明的重要标志。

　　研究企业发展，需要从历史出发，在实践中释疑解惑。通过掌握规律、利用智慧，实现新的跨越发展。

企业发展的力量

在过去几个世纪里，企业改写了人与人相处的秩序、国与国竞争的规则，越来越多的成就正在以企业之名书写。今天，企业无处不在，已化身为一种生存和生活方式，潜移默化地推动经济和社会发展。

诞生演变

在人类历史的长河中，物质资料生产和交换的组织方式十分丰富多样，从最基础的家庭为单位，逐步演进为公社、工厂、庄园、商帮和军事组织等等。自从产生"公司"这一企业形态，它的广泛适应性使之成为人类社会进步最重要的经济组织形态。

企业形态的发展并不是一蹴而就，在长期的发展实践中经历了萌芽、发展、变革、劣汰、改良等种种复杂的演绎。今天，展示在世人面前的是丰富的企业形态和发展生态，这其中最常见的经济组织可划分为六种：业主所有者、合伙制企业、不公开招股公司、公开招股公司、金融互助社和非营利组织。从法律的角度来讲，最后一种不是严格意义上的企业；从契约的含义来理解企业，最后两种是否被认定为经济组织还有待商榷。通常理解的企业主要有三种形式。

第一，业主所有者。也称个人独资，这类企业的剩余索取权和最终决策权为同一主体，成员由单个人或者家庭为主，为附近的居民提供一些最简单的生活资料或服务，是费用最低的企业组织形式。比如杂货店、旅馆、报摊等。

第二，合伙制企业。这类企业是由两人或两人以上将各自的资源集中起来建立而成，个人根据出资额的多少分享收益和承担风险。按照协议投资，共同经营、共负盈亏，财产由全体合伙人共有，合伙人对企业债务承担无限连带清偿责任。常见的有律师事务所、会计师事务所等。

第三，公司。包括不公开招股公司和公开招股公司。这是目前最重要的企业形式，具有独立的法人实体，享有很多自然人的法律权利。同时，管理权和所有权相分离、有限责任和易于转让所有权、永续经营等优点，使得公司更容易筹集资金，但公司的创办比前两者要复杂得多。

　　企业在概念范畴上包含公司。企业泛指一切从事生产、流通以及服务活动，为谋取经济利益的经济组织。公司是由股东共同出资，依法设定，以盈利为目的的企业法人。企业的含义比公司广，公司是企业的一种形式。可以采取其他的组织形式。

　　个人独资企业是最典型的企业形式。与独资企业并存的是各种合伙组织，合伙组织中最典型的就是家族经营团体。虽然在公司产生以前，合伙组织并没有取得法人的地位，但是这一时期却有其他的一些法人团体出现。这种情况最早可以追溯至古罗马时期。公元前594年，雅典城邦设立了作为处理公民日常事务的最高行政机关，即"四百人会议"，这一形式为有限责任公司的诞生奠定了基础。在古罗马，国家、地方自治团体、寺院等宗教团体、养老院等公益慈善团体都取得了法人的地位。到了中世纪，有一些贸易团体取得了法人的资格，尤其是从事海外贸易的组织。在中世纪英国，这样的组织相对于合伙具有更大的独立性。

　　最早产生的公司是无限公司。无限公司与合伙没有本质上的区别，只是取得了法人地位的合伙组织而已。无限公司的第一个立法，是1673年法国路易十四颁布的《商事条例》，在当时被称为普通公司。在1807年的《法国商法典》中又改名为合名公司。《日本商法典》中也规定有"合名会社"。无限公司诞生以后，曾经有过长足发展，但是随着股份有限公司和有限责任公司的产生，无限公司逐渐退居次要位置。

根据史料记载，1555 年，英国女皇特许与俄国公司进行贸易，从而产生了第一个现代意义上的股份有限公司。一般认为，股份有限公司起源于 17 世纪英国、荷兰等国设立的殖民公司，比如著名的英国东印度公司和荷兰东印度公司就是最早的股份有限公司。1807 年，《法国商法典》第一次对股份有限公司作了完备、系统的规定。到如今，在西方资本主义世界股份有限公司已经成为占主导地位的公司形式。

有限责任公司最早产生于 19 世纪末的德国。有限公司基本吸收了无限公司、股份有限公司的优点，同时又避免了两者的不足，尤其适用于中小企业。最早的有限责任公司立法为 1892 年德国的《有限责任公司法》。之后，1919 年的法国、1938 年的日本也相继制定了《有限公司法》。

公元 16 世纪人类发明"公司"这一新的经济制度。公司制度的本质特征在于"有限责任"和"法人"。组建公司时，股东以其出资额为限对公司承担责任，公司法人以其全部财产对公司债务承担责任。有限公司不仅解放了投资人，更解放了资本。有了这种把"自私自利"和"合作互利"精巧结合起来的制度设计，公司在人类历史上第一次展示出强大的力量。从 16 世纪起，英国、荷兰等国家正是借助这一制度创新，一举成为世界强国。

特许公司（chartered company）是现代企业发展的重要形式。特许经营最早起源于美国，1851 年 Singer 公司为了拓展其缝纫机业务，开始授予产品的经销权，在美国各地设置加盟店，撰写了第一份标准的特许经营合同书，在业界被公认为是现代意义上的商业特许经营起源。在其之后，现代注册公司日益兴起与发达。当代较为普遍的观点认为，特许公司当为现代股份公司之直接渊源所在，是现代股份公司的早期模式。早期的"合股"（joint stock）还只是出于商人存货联合经营所需，但后来的合股则已完全具备了面向社会募集资本的含义。无论对内还是对外而言，特许合股公司完全是一个资本的集合体，有着统一的公司利益，有着联合的抗风险能力，有着资本与管理的分离体制，这些特征表明特许合股公司是现代股份公司的直接渊源所在。

公司制度的进一步发展与正式形成，不仅是商业组织自身单一力量推动与进化的过程，而且与人类科技进步、自由与平等思想、市场经济模式乃至整个社会的发展进程密切相关。伴随公司自由注册制度、股票交易制度、股东有限责任等现代公司基本制度的形成与推动，世界范围内的公司得以雨后春笋般

7

发展起来，成为现代人类社会文明与进步最为重要的推动力量，为当今世界的繁荣与发展发挥了不可替代的作用。

随着生产力的发展、社会的进步，企业形式也得到不断的发展与完善。至19世纪末20世纪初，随着自由资本主义向垄断资本主义过渡，工厂自身发生了复杂而又深刻的变化：不断采用新技术，生产迅速发展；生产规模不断扩大，竞争加剧，产生了大规模的垄断企业；经营权与所有权分离，形成职业化的管理阶层；普遍建立起科学的管理制度，形成了一系列科学管理理论，从而使企业走向成熟，成为现代企业。

股份制公司的诞生，是人类发展史上的重大事件。股权分散的大型公司出现，满足了重工业和大型工程建设的需要。18世纪末至19世纪中期前后，以科学革命为支撑的工业革命使得各类产业得以突飞猛进地发展。1763年，格拉斯哥大学的技师詹姆斯·瓦特发明了代表工业革命核心进程的蒸汽机。这种新的动力能源不仅为当时的棉纺工业以及新兴的石油、燃气等能源的开采提供了动力，而且对铁、钢和煤的需求量大大增加。这种需求又促使了采矿以及冶金技术的改进，而纺织、采矿、冶金工业的发展又进一步引发了对更为有效的运输工具的需求。人们希望大宗的煤和矿石可以得到及时的运输，于是运河被开挖，公路被修筑，1830年由利物浦到曼彻斯特的铁路亦随之被开通。

当时的蒸汽机车对于全世界来说都是一个新兴的事物，反对者不在少数，火车与铁路的推广遇到极大阻力，保守的反对派是一方面，更大的障碍是铺设铁路及制造机车需要大量的经济开支。面对种种困难，当时的利物浦铁路公司冲破重重阻力，举办了一场声势浩大的蒸汽机车大比拼，让世人了解这个"铁皮怪物"的存在，进而令利物浦至曼彻斯特铁路最终落成。

股份制公司的诞生为当时筹措建设铁路所需的资金铺平了道路。它的诞生不仅具有里程碑意义，更为推进公司制的现代化进程谱写的华彩乐章。

9

图 1.1　利物浦至曼彻斯特铁路与股份制公司相互作用，是工业革命的代表性成就，是当时英国强大竞争力的坚实基础

由此而知，一系列的工业革命都必将凭借大量的资本聚集来推动，大规模的资本企业由此产生。人们在继续通过特许方式获得组织资本进行技术投入的同时，也深深感觉到了这种组织方式的低能无效。资本不仅需要更大规模的募集，亦需要及时的组织与使用，工业革命对资本规模及组织方式均提出了严重的挑战。伦敦、纽约、阿姆斯特丹等早期股票与资本交易市场应运而生。与此同时，以亚当·斯密（Adam Smith）为代表的自由放任的经济思想亦随之出现，其在《国富论》中表述道："独占乃经营的大敌，良好经营只有靠自由和普遍的竞争才能得到普遍的确立，自由和普遍的竞争，势必驱使各个人，为了自卫而采用良好经营的方法。"与工业革命以及自由放任的经济思想相对应的政治主张，建立在以洛克（John Locke）以及卢梭（J. J. Rousseau）等为代表的政治或社会契约的基础之上，政府或者说社会是人们契约的产物，人人自由而平等乃是社会契约得以形成的前提条件。无论是工业革命的客观要求，还是自由平等的经济以及政治思想的主张，使得以特许方式成立公司所代表的特权为人们普遍反对，因而非经特许的公司或企业得以自发且广泛地形成，最终自由注册公司作为人们争取经济自由与权利平等的必然制度要求，成为各国替代特许方式之普遍的、主要的公司设立方式。与此同时，要求成员承担直接无限责任

（非特许公司）以及间接无限责任（特许公司之征收）的传统法人责任模式，亦同样使投资者深感不满。人们不断通过各种实践方式来限定由于投资所带来的不可预测的责任。例如，在组建公司的章程或协议条款中，限定甚至取消公司向成员征收费用的权力；在公司名称之后主动标明"有限"字样；在与他人签订协议的过程中，经常性地注入以公司财产为限承担债务责任的条款，早期保险单据中，此类条款即甚为盛行。为满足社会对有限责任的强烈要求，1807 年颁布的《法国商法典》（又名《拿破仑商法典》）规定了股份有限公司的形态，从而使有限责任得以首先在大陆法中形成。19 世纪初期的美国各州，在脱离英殖民统治获得自行特许组建公司的权力后，在对诸如桥梁、运河、公路等公益事业的公司特许状中，普遍赋予股东有限责任的权利；对其他行业的公司，虽特许其成立法人性质的公司，但成员的责任多是无限的；有些州则要求成员承担投资价值的双倍或三倍的责任，还有些州如加利福尼亚州，则通过宪法或一般公司法，要求成员按其投资比例分别承担相应的责任；后来随着制造企业的繁荣发展，至 19 世纪中期前后，各州方普遍采取自由注册并普遍赋予公司成员以有限责任的保护。而在英国，经过人们长期不懈的立法斗争与努力，1855 年世界上第一部也是唯一一部以《有限责任法》直接命名的法律得以通过。

在此之前，英国曾于 1844 年通过了第一部《合股公司法》，该法虽然赋予人们以自由注册方式成立法人性质的公司的权利，但公司的成员仍处于无限个人责任的状态。1855 年《有限责任法》的出台，不仅大大促进了人们的投资热情，而且，最终使公司法人长期以来虽享有人格但责任并不独立的状态得以结束，现代公司法人制度由此基本确立并初步形成。

股份制公司的出现，主要是为了适应人们在经济活动中的两个基本取向：追求利润和规避风险。在追求利润的过程中，公司销售不断扩大，企业规模不断膨胀，巨额投资不断累积风险。规避风险的最基本手段是通过股份公众化来分散风险。反之，风险不断分解和稀释也有效促进了公司的进一步扩张。

在世界工商文明史上，中国无疑是最早慧的国家之一。中华民族是一个善于经商——而且是特别善于并乐于经商的民族。在远古时期，人们就追求世俗生活，乐于此道，并以"商"为国号，此后历代，都有工商繁荣的记录。早在汉代，哲学家王符就说自己所处的时代，从事工商业者十倍于农民，商业流通之盛达到"牛马车舆，填塞道路"的程度。明清以降，"儒贾合流"，连知识精英也不再耻于言商。清代龚自珍记录说："五家之堡必有肆，十家之村必有贾，三十家之城必有商。"

从经济要素上分析，中国有发展工商经济的无数优越条件。

这里有最早也是维持时间最长的统一市场，与欧洲中世纪之前的封闭分割、自给自足式的地方领主经济全然不同。也正因此，中国早在唐宋时期，就拥有当时世界上最大的城市群，长安、洛阳及临安都是人口过 100 万人的超级大城市；在同时期的欧洲，人口最多的城市不过 10 万人。中国有举世闻名的四大发明，科技水平遥遥领先于当时的其他地区。这里还发生了最早的农业生物革命，宋代水稻和明代棉花的普及造成了人口的大爆炸。中国是第一个人口过亿的国家，庞大的内需市场为工商生产和流通创造了得天独厚的环境。中国还在工商制度创新上拥有很多世界纪录，多数学者认为，世界上第一张纸币出现于宋代，并产生了第一批合股公司和职业经理人阶层，清初则出现了粮食期货贸易。此外，中国还有非常健全的乡村自治体系，有世界上最富有、人数最为众多的商帮集团。

在相当长的时间里，中国是工商经济最为发达的国家，是世界经济的发动机。早在宋代，国内生产总值（GDP）总量就占到了全球的三分之一，到明清时，中国仍然保持着经济规模世界第一的地位，拥有最高的粮食产量，棉纺织业的生产规模是英国的 6 倍。

令人遗憾的是，如此早慧而发达的工商经济，却持续了长达千年的"高水平停滞"。当世界进入到工业革命时期之后，它

13

竟远远落后，备受各国欺凌。

在工商方面，改变也许比农业要多很多，不过在一些关键产业，进步仍然是让人汗颜的。以农耕及工业革命时期最重要的产业——铸铜冶铁业为例，早在商代，已能够组织300人以上的作业团队铸造重达833公斤的巨型铜鼎，从日后出土的汉代冶铁作坊看，其规模已可达千人以上，然而到清朝末年，冶铁作坊的规模仍与此相仿，几乎没有扩大。另据计算，西汉时期每户家庭的用铁量将近4公斤，这与1949年之前农村家庭用铁的实际情况大体一致，也就是说，两千多年来，中国家庭的用铁量没有增加。

在城市经济方面，最繁荣的大都市出现在宋代，而进入明清之后，城市规模竟有所缩小。据学者研究，中国在唐宋两朝，城市人口占到总人口比例的20%以上，而到1820年的清代，竟只有6.9%。

中国企业真正意义上的发展起始于鸦片战争之后。从清末到民国，中国先后出现了四部公司法，分别是清政府于1904年颁行的《公司律》、北洋政府于1914年颁行的《公司条例》、南京国民政府于1929年颁行的《公司法》，以及抗战胜利后的1946年，南京国民政府颁行的《公司法》。公司法的颁行为早期中国公司的发育、演进提供了一个基本的环境。

　　列强在对华进行资源掠夺的同时也进行了市场开拓，这为中国本土公司的发展提供了外部条件。当时，清政府的救亡自保为中国近代企业的出现创造了内部机遇。在这一复杂的历史背景下，洋务运动逐步兴起，各类军工企业、民用企业渐次出现。1872年，轮船招商局创立，成为近代中国的第一家股份制公司。《马关条约》允许外商在上海设厂，江南乡绅第一次见识了电机动力和科层管理（又称官僚制）的现代工厂，随后纷纷回乡创业，以上海机器织布局，南洋兄弟烟草公司等为代表的清末民族工业崛起。1912年中华民国成立，民国"约法"承认私人财产权利不可侵犯。以荣氏兄弟为代表的本土公司风雨苍黄、破茧而出，形成上海、广州、天津三大工商业聚集区。从清末官督商办到民国官僚资本主义，从封建商帮到家族企业，中国公司跨越市场化和民营化的沟沟坎坎，经历了发展模式的一次次试验和修正。

　　中华人民共和国成立后，先后经历了计划经济和市场经济发展两个阶段。计划经济年代，企业几乎成为各级政府的附属物。改革开放后，遍地开花的乡镇企业、个体私营企业等，成为相对独立和富有活力的经济主体，但仍然不属于规范意义上的公司。市场经济的本质是法治经济。1992年，中国宣布建立社会主义市场经济体制，1994年《中华人民共和国公司法》的颁布实施，使中国本土公司的发展步入了全新的历史时期。随着国有企业改革的深入，公司治理理念的普及，中国本土公司的现代化征程虽然筚路蓝缕，但终于走上了一条正道。如今，已经形成国有、民营、外资等多种所有制并存的混合经济。

纵观人类发展历史，企业是迄今为止最为广泛高效的经济组织形式。尤其是以股份有限公司为代表的现代企业，被认为是近代以来最重要的商业创新，它集合资源，分散风险，跨越血缘、地缘，凝结起个体生命的能量，开启了人类经济生活乃至现代文明的新篇章。企业力量的变化，已经成为世界性大国崛起与衰落的风向标。企业是世界历史上最伟大的革命性组织之一。没有企业的发展，就没有现代社会繁荣。

发展特征

1. 竞争与合作

企业经营活动是一种特殊的、可以实现双赢的非零和博弈。企业经营活动中的合作竞争理念，是一种对网络经济时代企业如何创造价值和获取价值的新思维，它强调合作的重要性，克服传统企业战略过分强调竞争的弊端，为企业战略管理理论研究注入了崭新的思想。

竞争带来进步。竞争是一个探索和发现的过程。竞争参与者总是在不断地寻找和利用不为人们所熟知的市场机会，开拓新的生产要素组合方式，提供新的产品；不断探索和发现新的企业组织形式和内部管理方式以及最佳的企业规模。在这种探索和发现过程中，竞争者并非对其行为的结果有完全准确的预测和十分的把握。这种对预期结果的不确定性和由此带来的风险性，恰恰构成了对其进行探索和发现的巨大激励，因为这对竞争者来说意味着生存或者死亡。竞争的探索和发现过程对于生产者和消费者来说，都是一个获取和扩展信息的学习过程。消费者只有在对生产者所提供的产品作出评价和选择时，才知道哪些是他们需要和优先考虑的；生产者也只有在他们的产品以一定的价格提供到市场上供消费者选择时，才知道哪些符合需要，价格是否合适等等。

企业之间的竞争，本质上体现的是竞争者相互之间的社会经济关系，即经济利益关系。企业通过创新所获得的优先利润和市场优势地位，会对其他企业形成巨大刺激和压力。落后企业为了改变自身的不利地位，为了在竞争中不被击败淘汰，更重要的也是为了分享一份优先利润，这些企业便会开始它们的模仿过程。当这一过程普遍化之后，又会有一些企业开始新一轮创新过程，随之而来的是其他企业开始新一轮模仿过程。如此往复，竞争也就表现为一个周期性、波浪式的动态发展过程。

合作促进发展。自从 20 世纪末开始，西方企业战略已从"纯竞争战略"为主导，向"合作竞争战略"为主导转变。"商场如战场"是传统理念。在这种理念指导下，竞争的成功是建立在对手失败基础之上的，商家使用激烈的竞争手段，击败竞争对手，扩大市场份额。而在如今的商战中，和平与战争同时存在或交替出现。有不少经营者的成功是建立在他人成功的基础上，因此也可以说是一种共同战略的胜利。

企业的合作竞争是联合若干企业的优势，共同开拓市场，参与市场竞争，这种合作极大增强了企业在市场上的竞争力。

规模效应。首先，单个企业各自的相对优势在合作竞争的条件下得到了更大程度的发挥，降低了企业的单位成本；其次，合作使专业化和分工程度提高，对合作伙伴在零部件生产、成品组装、研发和营销等各个环节的优势进行优化组合，放大了规模效应；再次，企业通过合作制定行业技术标准，形成了格式系统，增强了网络的外部性。

成本效应。合作竞争降低了企业的外部交易成本和内部组织成本。企业通过相关的契约，建立起稳定的交易关系，降低了因市场的不确定和频繁交易所抬高的交易费用。同时，由于合作企业间要进行信息交流，实现沟通，从而缓解了信息不完全的问题，减少了信息费用。合作企业间的信息共享，有助于降低内部管理成本，提高组织效率。

协同效应。同一类型的资源在不同企业中表现出很强的异质性，为企业资源互补融合提出了要求。合作竞争扩大了企业的资源边界，不仅可以充分利用对方的异质性资源，而且可以提高本企业资源的利用效率。此外，合作竞争节约了企业在资源方面的投入，减少了企业的沉没成本，提高了企业战略的灵活性，通过双方资源和能力的互补，产生了1+1>2的协同效应，使企业整体的竞争力得到了提升。

创新效应。合作竞争使企业可以近距离地相互学习，从而有利于合作企业间传播知识、创新知识和应用知识，同时也有利于企业将自身的能力与合作企业的能力相结合，进而创造出新的能力。合作组织整体的信息搜集、沟通成本较低，可以使企业更多关注行业竞争对手的动向和产业发展动态，跟踪外部技术和管理创新等，为企业提供新的思想和活力，这将大大增强企业的创新能力和应对外部环境的能力。

世界上大多数经济发达地区都会出现港口群效应。北海沿岸是世界最繁忙的海域之一，是沿岸各国以及欧洲与其他各洲之间大宗货运的主要航道。北海沿岸集中分布的重要港口有鹿特丹、阿姆斯特丹、安特卫普、汉堡、伦敦和敦刻尔克等港口，其中有些港口分布在不到 100 公里的区域内。这些港口规模大，竞争有序，吞吐量不少都超过亿吨。再如，日本东京湾内首尾相连集中了东京港、千叶港、川崎港、横滨港、梗洋港、横须贺港 6 个重要港口。日本的港口管理者通常是地方政府。这些港口虽然集中在一起，但各有特色，通过"合作竞争战略"，优势互补，共同发展。东京港地处东京湾，拥有 4000 万人口的首都经济圈支持了东京港的不断发展，使其成为日本最大的消费品进出口港。东京港和日本陆上交通网直接相连，有利于东京港有效而畅通地疏散商品和货物。该港 2004 年集装箱吞吐量全球排名为第 19 位。横滨港素有"东京外港"之称，是日本最早对外开放的国际港口，也是日本最大海港之一。该港 2004 年集装箱吞吐量全球排名为第 27 位。千叶市距东京仅 40 公里，横跨东京湾的海上之星大桥进一步缩短了千叶与东京间的距离。千叶港是日本货物吞吐量最大的国际贸易港。出口货物主要有机械产品、钢铁、化学药品和重油，进口货物主要是石油产品、原油、铁矿石和煤炭。集装箱在该港所占的吞吐量比例并不高。2004 年千叶港货物吞吐量为 1.69 亿吨。世界上经济发达地区港口群中，各港口之间都建立了适度的竞合关系，形成共同发展的态势，它说明发达国家通过市场运作，在处理港口间合作与竞争问题上已日趋成熟。

2. 创新与变迁

自从智力和资本走到一起，人类社会的发展速度就呈现出几何级数的增长。企业在资金、技术和市场之间架起了一座桥梁。在知识经济和互联网时代，创新的意义超越了以往任何时期。

从学术意义上讲，创新是有目的、有组织、有系统、合理地工作，这意味着创新可以学习，可以通过日常训练加以实践从而熟练掌握的。创新是企业发展的灵魂和不懈动力，当我们翻开企业发展的历史，创新既可以是技术革命，也可以是创意、认知和独特的商业模式。但是有一个前提，就是要为顾客提供新的价值和提升顾客的满意度，它是通过改变产品和服务，也就是改变资源的产出，创造一种新的价值。

颠覆式创新。哈佛大学最早提出颠覆性创新这一概念，从企业发展的规律理解，颠覆式创新是通过制定破坏性增长战略的方法，最终消灭那些运转良好的、成熟的竞争对手。

当 1995 年微软推出视窗 3.0 时，就注定了苹果电脑只能走下坡路，乔布斯也因此被自己创办的公司"扫地出门"。苹果电脑的失败是一个非常经典的案例，它说明了在技术上成功但在战术上失误的企业最终的命运。苹果电脑当时最大的问题在于，产品创新变成了"技术爱好者"的自我价值实现。作为 CEO，乔布斯过于专注技术本身的创新性，而忽略了市场的变化。之后，乔布斯重返苹果公司，凭借着超人一等的创新思维，以及对数码音乐播放器产品市场的充分研究，苹果公司的 iPod 大获成功。值得关注的是，虽然 iPod 的成功之处还是在于创新，但已不体现在技术层面，而是设计与商业模式的创新。如今凭借技术与商业模式的不断自我颠覆和创新，苹果电子产品已经家喻户晓，而苹果公司也成为这个时代最伟大的公司之一。

适应性创新。商业世界日趋复杂，要改变商业乃至社会难度越来越大。革命性的发明成果已经远远超出个人之力，通常需要大型企业或政府投入巨资，进行长期的探索，还得承担无法避免的失败风险。这种情况下，无论是企业还是公共管理部门，都应意识到创新法则已发生变化，备受经济学家和创业达人推崇的颠覆式创新固然仍有实现的可能，但更具可行性的是，尝试已有事物的变异，剔除失败因素，复制成功经验，周而复始。

简单来说，适应性创新就是稳妥的小碎步，再加上偶尔的冒险大跨步。这期间，需要应用试错法，不断寻求进化改良的可能性，并不断抛弃糟糕的理念、方法和解决方案组合方式。归结起来，适应性创新可以细分为三项法则：一是寻找新思路，尝试新事物；二是尝试新事物时设定的区间要允许失败的存在；三是找到反馈信息，一边前进一边从失败中吸取教训。

去中心化原则。要想驾驭适应性创新，首要的是推动公司或公共管理部门按照去中心化的原则，打造能够快速适应的结构。复杂世界里充斥着知识，这些知识具有地方色彩（部门、行业特性），还容易转瞬即逝，因而只有允许并鼓励去中心化才能适应。

鼓励创新的多种可能性。复杂世界中的创新改良，如同进化，经常会出现偶然性，为了避免错过创新，应保留几种观念、创意方向同时发展。这既需要人们克制优中选优的先行判断倾向，更需要宽容失败。例如不同国家的公共管理部门及产业因对待多元化及善待宽容态度的不同，从而会带来不同的创新、发展结果。

若将过去 100 年里美国排名前十的顶级公司，按照每 50 年的间隔进行排序，进行标准化的对比，各个时期顶级公司的估值都考虑到了通货膨胀因素，从中不仅能看到美国各个时期顶级公司市值的变化，更能看到公司类型变化背后美国工业产业的变革和进步。

从公司市值来看，不同时代顶级公司的市值差异悬殊。1917 年十家顶级公司的总市值不到 1967 年市值最大的 IBM 的一半，而 1967 年十家顶级公司的总市值虽然超过了目前市值最高的苹果公司，但也仅和 2017 年排名第二的谷歌母公司和排名第四的亚马逊公司市值之和相当。

从排名第一的各家公司来看，1917 年排名第一的美国钢铁公司只有 1967 年 IBM 的五分之一不到，而 1967 年的 IBM 和苹果公司相比，差距虽然有所减少，但也有三倍之差。从不同时期顶级公司的平均市值来看，1917 年为 109 亿美元，1967 年

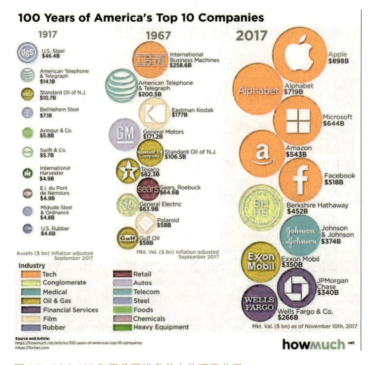

图 1.2　过去 100 年里美国排名前十的顶级公司

则跃升到 1234.7 亿美元，到 2017 年十家顶级公司的平均市值更是高达 5104 亿美元。从十家顶级公司中排名垫底的公司市值来看，1917 年是美国橡胶公司的 460 亿美元，而到 1967 年则变成海湾石油公司的 580 亿美元，再到 2017 年富国公司的 2660 亿美元。每隔 50 年，上一代市值第一的公司都无法进入下一代的前十。

百年里十大顶级公司市值变迁图背后是美国 100 年间的产业升级。从工业类型的变化不难看出，美国的产业经历了由传统工业到电子工业再到信息工业的发展过程。产业逐渐从传统的粗放型，比如钢铁厂、橡胶厂，到精细化工业，比如自动化机器厂商、电影行业、零售行业，再到服务型工业中的科技公司、金融公司。

每个时代产业变化背后都是技术的变迁。1917 年的美国工业仍然是受益于第二次工业革命的发展，尚处于电气化社会的发展完善阶段，对于橡胶、石油等原材料的需求旺盛；而到 1967 年，美国已经基本完成了电气化革命，进入工业产业精细化，贴近消费者日常需求的产品更受欢迎，比如电影、汽车、零售行业的发展。而发展至 2017 年，在 20 世纪末到 21 世纪初的互联网技术的进步和突破下，科技公司和金融公司等服务产业占据了主流。

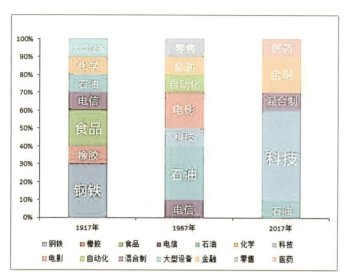

图 1.3　美国百年十大顶级公司行业分布

3. 环境与制度

商业环境持续改善。从外部环境来看，企业的发展离不开商业环境的发展与进步。商业信用产生的根本原因，是由于在商品经济条件下，在产业资本循环过程中，各个企业相互依赖，但它们在生产时间和流通时间上往往存在着不一致，从而使商品运动和货币运动在时间上和空间上脱节。然而通过企业之间相互提供商业信用，则可满足企业对资本的需要，从而保证整个社会的再生产得以顺利进行。

在信用产生之前，商业看起来像一场零和游戏。整个世界就像是一块大饼，切法可以不同，但却只有一个饼且不可能变大。因为当时对未来的信任少，所以信用信贷少，导致经济成长缓慢，并且恶性循环。现代经济，因为对未来的信任多，信用信贷多，所以成长快速。在现代市场经济大潮中，信用是立业之本。现代经济之所以能够成长，是因为人们愿意信任未来，企业家也愿意将利润再投入生产。信用是市场经济发展的重要力量。

对于现代的市场交易环境而言，信用是一种建立在信任基础上的能力，即不用立即付款就可获取资金、物资、服务的能力。接受信任的一方在其应允的时间期限内为所获得的资金、物资、服务而付款，而上述时间期限也必须同时被授予信任的一方认可。没有信用，就没有秩序，现代市场经济就不能健康发展。

商业信用的核心作用在于记录社会主体信用状况，揭示社会主体信用优劣，警示社会主体信用风险，并整合全社会力量褒扬诚信，惩戒失信。可以充分调动市场自身的力量净化环境，降低发展成本，降低发展风险，弘扬诚信文化。适合的信用交易环境，能够保证一国的市场经济向信用经济方向转变，从以原始支付手段为主流的市场交易方式向以信用交易为主流的市场交易方式健康转变。这种机制会建立一种新的市场规则，使社会资本得以形成，并直接保证一国的市场经济走向成熟，不断扩大国内、国际的市场规模。

如果说商业信用如同企业呼吸的"空气"，那么制度环境就是企业发展的"土壤"。纵观中国企业发展的历史，集中式、大规模、爆发式成长出现在改革开放之后，可以说正是制度环境的肥沃土壤，引领中国企业崭露头角。

制度保障防范风险。 每个企业都是在风险中经营的，小企业也不例外。风险造成的经济损失是极大的，但相对而言，风险对小企业造成的损失会远远超过大企业。小企业虽然"船小好掉头"，但"本小根基浅"，故小企业只能"顺水"，不能"逆水"，不能抵抗风险。从实际情况看来，企业个体消化吸收亏损的能力十分有限，所以更应关注经营中可能遇到的风险，并建立相应的规章制度，以求未雨绸缪，防患于未然。

顶层设计改变命运。 如果说工业革命改变了现代社会文明，那么改革开放无疑使中国发生了翻天覆地的变化和进步。改革开放深刻改变了中国和中国人民的命运，中国自力更生的快速发展，是对世界作出的最大贡献。40 年来，中国经济社会实现了奇迹般的发展。据统计，国内生产总值年均增长率达到 9.9%，2016 年为 11.2 万亿美元，对外贸易年均增长率达到 16.3%，2016 年总额达到了 3.7 万亿美元。目前我国人均国内生产总值已经由大约 200 美元增长到 8900 美元左右。40 年来，中国始终坚持"发展是第一要务"，聚精会神谋发展，以增进民生福祉为使命，丰硕成果惠及 13 亿中国人民，让广大人民有了实实在在的获得感。中国本身即拥有世界约五分之一的人口，中国国民富裕程度的显著提升是人类社会均衡发展和进步的重要成就。毋庸置疑，改革开放成为"中国通过改变自身而影响世界"的集中体现。

从中国企业的国际影响力看，2017 年美国《财富》杂志发布的世界 500 强排行榜，中国上榜公司数量连续增长，已经达到了 115 家，在所有国家中排名第二。美国上榜公司数量为 132 家，排名第一，中美之间的数量差距逐步缩小。排名第三的为日本，有 51 家公司上榜。在排行前 100 位的企业中，中国企业共有 20 家。

从市值角度看，中国企业在资本市场的价值仅次于美国，位列全球第二。从地域分布来看，2016 年全球市值 500 强来自 35 个不同的国家和地区。美国有 208 个公司上榜，继续稳坐经济第一强国之位；中国作为全球第二大经济体，也有 60 个上市公司上榜，位列第二；早年经济强国日本以 40 个公司位居第三，并且有继续下滑的趋势；英国 27 个、法国 23 个、德国 18 个，也是上榜数量较多的国家。不过，美国 GDP 占全球

表 1.1 2017 年世界 500 强排名前 100 位的中国企业名单

序号	2017年排名	2016年排名	公司名称	营业收入（百万美元）	利润（百万美元）
1	2	2	国家电网公司	315198.6	9571.3
2	3	4	中国石油化工集团公司	267518	1257.9
3	4	3	中国石油天然气集团公司	262572.6	1867.5
4	22	15	中国工商银行	147675.1	41883.9
5	24	27	中国建筑股份有限公司	144505.2	2492.9
6	27	25	鸿海精密工业股份有限公司	135128.8	4608.8
7	28	22	中国建设银行	135093.3	34840.9
8	38	29	中国农业银行	117274.9	27687.8
9	39	41	中国平安保险	116581.1	9392
10	41	46	上海汽车集团股份有限公司	113860.8	4818.2
11	42	35	中国银行	113708.2	24773.4
12	47	45	中国移动通信集团公司	107116.5	9614.3
13	51	54	中国人寿保险	104818.2	162.4
14	55	57	中国铁路工程总公司	96978.5	924.1
15	58	62	中国铁道建筑总公司	94876.5	1192.4
16	68	81	东风汽车公司	86193.5	1415
17	83	129	华为投资控股有限公司	78510.8	5579.4
18	86	91	中国华润总公司	75776.3	2580.2
19	89	99	太平洋建设集团	74629	3168.1
20	100	95	中国南方电网有限责任公司	71241.5	2329.8

表 1.2　2016 年全球市值 500 强入选国家前 10 榜单

（单位：10 亿美元）

排名	国家	数量	总市值	平均市值	市值百分比	代表性公司
1	美国	208	165679	796.5	50.78%	苹果、谷歌、埃克森美孚
2	中国	60	38684	644.7	11.86%	腾讯、工商银行、阿里巴巴
3	日本	40	18146	453.6	5.56%	丰田、电报电话公司、三菱
4	英国	27	16801	622.3	5.15%	汇丰、苏格兰皇家银行、联合利华
5	法国	23	12033	523.2	3.69%	斯伦贝谢公司、赛诺菲、欧莱雅
6	德国	18	9895	549.7	3.03%	思爱普、拜耳公司、戴勒姆集团
7	加拿大	16	7417	463.5	2.27%	皇家银行、安桥公司、森科能源
8	瑞士	12	9680	806.7	2.97%	雀巢、罗氏制药、诺华公司
9	印度	11	4063	369.3	1.24%	塔塔咨询、印度烟草、国家银行
10	荷兰	8	5161	645.1	1.58%	皇家壳牌、荷兰国际集团、空客

资料来源：新华财经（XHF.com）。

24.7%，中国 GDP 占全球 15.1%。从 500 强总市值来看，美国占据 50.78%，中国只占 11.86%，说明中国在资本市场上和美国仍有显著的差距。

治理规范

随着资本全球化扩张，现代企业制度不断创新，超大型的股份公司在管理上日益奉行董事会中心主义，公司所有者与管理者之间、大股东与小股东之间，在权力分配和制衡的博弈较量中连续不断地发生冲突。20 世纪 30 年代美国学者贝利（Berle）和米恩斯（Means）首次提出了公司治理的概念。

20 世纪 90 年代以来，在经济全球化的影响下，公司治理越来越受到世界各国的重视，掀起了全球化的公司治理运动。在现代公司治理运动的主流中，改善公司治理机制的基本目标，是形成健全的公司运作机制，以保证公司的运行以股东的长期利益为目的，最大限度地降低经济学家们所说的"代理成本"，实现股东价值和股东财富的最大化，提高单个公司和整个经济的运作质量及其竞争力。这一目标的基础，是一种以"投资者主权"和"股东积极主义"为中心的公司治理哲学、治理文化和治理理念，是全球范围内正反两方面广泛经济实践经验的结晶。

英国是全球现代公司治理运动的主要发源地。以三个相继成立的非官方委员会的主席名字命名的研究报告，即卡德伯瑞报告、格林伯瑞报告和汉普尔报告，成为迄今为止英国现代公司治理改革过程的三部曲。它们为建立制度化的、自律基础上的现代公司治理机制立下了汗马功劳。

1991 年 5 月，一系列公司倒闭事件促使英国的财务报告委员会、伦敦证券交易所等机构合作成立了一个由有关方面的 12 名权威成员组成的委员会。安得仁·卡德伯瑞（Adrian Cadbury）爵士担任该委员会主席。这是世界上诞生的第一个公司治理委员会。经过长达一年半时间的广泛深入调研，1992 年 12 月，委员会发表了题为《公司治理的财务方面》的报告，即人们通常所称的卡德伯瑞报告。特有的问题导向，使卡德伯瑞报告注重了公司的内部财务控制和相应的风险管理，注重董事会的控制与报告职能及审计人员的角色，并提出了相应的《公司董事会最佳做法准则》。

卡德伯瑞报告的核心内容可以分董事会、非执行董事、执行董事、报告和控制等几个方面的内容。为了建立有效的内控机制，植根于英国传统，卡德伯瑞报告明确提出了公司治理的外部人模式，强调外部非执行董事在内控和审计委员会中的关键角色，突出董事会的开放性、独立性、透明度、公正与责任。该报告提出的一系列相应的原则和理念，成为今天各种不同"版本"公司治理最佳做法的核心内容的一部分。通过建立专门的委员会并由委员会提出研究报告和推荐公司治理最佳做法准则，亦成为全球不同层面有关机构推动公司治理进程时竞相仿效的做法。卡德伯瑞委员会的活动成为现代公司治理运动大潮勃兴的起点、基础和里程碑。该委员会的建议，不仅在英国得到广泛的赞同并被吸收到上市规则中，而且在其他国家也引起了强烈的共鸣，被作为其他市场衡量公司治理标准的基本尺度。

良好的公司治理机制是现代市场经济健康运作的微观基础，随着中国经济体制改革进程的推进，公司治理成为现代企业制度建设最重要的内容之一，对中国经济、金融和社会的稳定与发展具有重大意义。

公司治理是一套程序、惯例、政策、法律及机构，影响着如何带领、管理及控制公司，又名公司管治、企业管治。其主要目标在于调和公司内部利益相关人士及公司治理的众多目标之间的关系。主要利益相关人士包括股东、管理人员和理事，其他利益相关人士包括雇员、供应商、顾客、银行和其他贷款人、政府政策管理者、环境和整个社区。

从产生和发展来看，公司治理可以分为狭义的公司治理和广义的公司治理两个层面。狭义的公司治理，是指所有者（主要是股东）对经营者的一种监督与制衡机制，即通过一种制度安排，来合理地界定和配置所有者与经营者之间的权利与责任关系。公司治理的目标是保证股东利益的最大化，防止经营者与所有者利益的背离。其主要特点是通过股东大会、董事会、监事会及经理层所构成的公司治理结构进行的内部治理。广义的公司治理是指通过一整套包括正式或非正式的、内部的或外部的制度来协调公司与所有利益相关者之间（股东、债权人、职工、潜在的投资者等）的利益关系，以保证公司决策的科学性、有效性，从而最终维护公司各方面的利益。

公司治理所要解决的主要问题是所有权和经营权分离条件下的委托—代理问题，即通过建立一套既分权又能相互制衡的制度来降低代理成本和代理风险，防止经营者对股东利益的背离，达到保护股东利益的目的。因此，股东大会（股东）、董事会（董事）、经理构成了公司治理中的三个关键角色，三者之间基于分权与制衡而形成公司治理结构，并由此构成了公司基础性的核心权力配置体系。

公司治理、管理与经营构成企业发展的三角。公司治理和管理依赖于传统的法律界定，董事会是股东的代理人，股东因供给资本而拥有公司，他们最基本的权利是选举董事会作为他们在公司决策中的代理人。据此，公司治理被看作与公司的内在性质、目的和整体形象有关，与公司的持久性和受托责任等内容有关，与公司的战略方向、社会经济和文化背景、外部环境的监督有关。而管理则更多地与活动有关，一方面，在传统意义上，管理是指采取明智的手段完成某些目标的行为。管理阶层主要关心在某一具体的时间和既定的组织内具体目标的实现。也就是说，公司治理是战略导向的，管理则是任务导向的；公司治理关心的是公司向何处去，而管理关心的则是使公司怎样到达那里。另一方面，管理旨在提高组织效率，而经营则以提高经济效益为目标，即经营是选择对的事情做，管理则是把事情做对。简单地说，经营关乎企业生存和盈亏，管理关乎效率和成本，而公司治理则关乎公司发展的方向。

经典的公司治理模式主要有以美国、英国等国家为代表的"外部人模式"和以日本、德国等国家为代表的"内部人模式"。由于各国的政治、经济、历史文化等公司环境存在较大差异，因此，各国的公司治理模式不尽相同，即使在一个国家内，在不同历史阶段、不同公司类型中往往也是多种模式并存。

中国公司治理的改革过程交织着政府选择外部规则和社会成员选择内部规则的双重秩序演化路径，两种规则之间的冲突与协调贯穿整个制度变迁过程。

中国上市公司治理历经几十年的发展，随着市场化与法治化程度的提高，以及政府监管制度的丰富与完善，行政型治理逐渐转向经济型治理。经历了公司治理 1.0 时代的洗礼，多数上市公司都构建了以合规和问责等为核心的治理体系。不过，此间公司追求的目标是短期利润，内部治理以满足监管约束的合法合规为目的。

公司治理差异化是竞争优势的来源。为了实现企业的可持续成长能力，政府应继续完善相关法规与制度，为经济型治理提供更丰富的政策支持，上市公司则应致力于合法合规基础上的以有效性提升与价值创造为显著特征的公司治理 2.0 时代的制度创新。

经济型治理的制度与市场环境不断改善，为了确保上市公司的合法合规，国务院及有关部门颁布了系列指导性文件。一系列监管制度的实施，对于完善上市公司的治理结构与治理机制，确保公司行为的合法合规，发挥了显著的作用。

制度环境的不断完善以及市场化与法制化程度的提高，使得上市公司规模以及价值创造均有显著增长。据统计，自 2003 年至 2016 年，中国沪深两市上市公司数量由 1288 家增至 3136 家，平均每年增加 143 家新上市公司，年递增率达 7%。沪深两市企业的总市值由 2003 年的 84443 亿元增加到 2016 年的 2206203 亿元，是 2016 年中国国内生产总值 744127 亿元的 2.96 倍，平均每家上市公司的市值从 63 亿元增至 737 亿元，增加了近 11 倍。

经过十几年的制度建设，中国上市公司外部治理环境显著改善，相关法律与制度逐渐完善。全球化、网络化、法制化、市场化、知识化等趋势的强化，一方面为上市公司提供了更加公平的生存环境，另一方面也迫使上市公司规范其行为。哈佛大学法学院法律与商业讲座教授、哈佛商学院商业法讲座教授古汗·萨布拉玛尼（Guhan Subramanian）2015 年在《哈佛商业评论》撰文，特别强调公司治理 2.0 时代，董事会应以追求长期发展为目标，确保董事会成员的治理能力，实施董事会的业绩评价制度，以提升上市公司的市场竞争优势，这一观点至今在中国没有引起足够的重视。

时至今日，中国上市公司在相关制度与市场等外部治理环境约束下，其内部治理合法合规的制度建设也卓有成效，今后公司治理还应在继续完善合法合规的基础上，致力于有效性的提升。

第二节

理论与实践创新

放眼全球，企业发展的历史悠久，而现代企业的发展则集中在最近百年。随着企业发展速度的提升，前沿理论与时俱进不断创新，企业管理学科发展的理论研究不断取得突破。

理论研究

20 世纪 80 年代以来，在管理学界掀起了一股竞争战略研究的热潮。美国学者迈克尔·波特（Michael E. Porter）的《竞争优势》和《竞争战略》两部著作的出版，提出了竞争的五因素模型理论。波特分析了现有企业之间的竞争、行业进入者的威胁、购买者的议价力量、供应商的议价力量、替代品或替代服务的威胁，提出了低成本战略、集聚化战略、差异化战略三大战略。通过对产业演进的说明和对各种基本产业环境的分析，得出不同的战略决策。波特的理论与思想在全球范围产生了深远的影响。

90 年代，随着企业规模的快速扩张，面对日新月异的变化与激烈的竞争，现代企业逐渐暴露出"大企业病"问题。要提高企业的运营状况与效率，迫切需要"脱胎换骨"式的革命，只有这样才能回应生存与发展的挑战。以美国学者迈克尔·海默（M. Hammer）博士与詹姆斯·钱皮（J. Champy）为代表，提出了企业再造的首要任务是业务流程重组（BPR），它是企业重新获得竞争优势与生存活力的有效途径。BPR 的实施需要两大基础，即现代信息技术与高素质的人才。1993 年，海默和钱皮合著出版了《再造企业——管理革命的宣言书》，其核心观点是"从头改变，重新设计"。为了能够适应新的世界竞争环境，企业必须摒弃已成惯例的运营模式和工作方法，以工作流程为中心，重新设计企业的经营、管理及运营方式。

1. 学习型组织

企业唯一持久的竞争优势源于比竞争对手学得更快更好的能力，学习型组织正是人们从工作中获得生命意义、实现共同愿望和获取竞争优势的组织蓝图；要想建立学习型组织，系统思考、自我超越、改善心智模式、团队学习、共同愿景是必不可少的"修炼"。学习型组织理论的本质在于，把组织看做是大脑和生态，一个成功的组织，就像人的大脑一样，面对动荡复杂的环境变化，应该富有灵活性、伸缩性和创新性，具备较强的自我调节能力和信息处理能力，才能适应不断变化的主客观条件。

2. 核心竞争能力理论

专业化分工的增加导致企业内部出现新的协调问题，需要产生新的职能部门对原有各部门以及各种专业职能进行协调与整合，这个过程会伴随生产进程的知识积累。同时，知识的积累不仅发生在企业内部，还发生在产业以及整个社会中，从而形成了企业知识基础论。核心能力（core competence）可以定义为"企业独具的、支撑企业可持续性竞争优势的技能和竞争优势的集合"。核心能力具有排他性、持久性和财富的增值性。对企业竞争力的分析可借助战略管理理论的逻辑构架来进行。现代企业的竞争实际上是核心竞争能力的竞争，企业应注重从学习能力、营销能力、研发能力、创新能力等方面去不断提升核心竞争力。核心能力的提出，为现代管理学的研究开辟新的方向。

3. 可持续发展

20 世纪 80 年代初兴起的一种新的发展观，强调在资源稀缺、环境有限，为求发展而对资源、环境进行消耗、利用时，必须保障代内公平和代际公平，以避免全球不可持续的发展。在未来的管理中，政府、企业和公众都应遵守可持续发展原则，制定和实施可持续发展战略，并贯彻于整个管理活动。社会要求企业从趋利性的经营管理转向"绿色"的经营管理，以节约资源和保护、美化环境为己任。在管理理论和方法中，和谐理论，即研究各种组织内外和活动过程亲睦、协同、配合关系的理论及其应用，将得到更多的重视。

4. 长寿公司理论

持续成长是企业在日益激烈的竞争中的生存方式，在企业全球化和知识化的年代，经营环境持续动荡，技术变革加速，经验的重要性不断降低，企业生存发展所面临的挑战越来越多，企业必须注重对成长的管理。该理论通过对企业寿命周期的研究，分析了长寿公司的共同特征，对企业的成长方向、企业的成长速度、企业的成长战略等问题进行了系统研究。

5. 知识管理研究

对知识管理的研究源于现代信息技术的深入和普及。知识作为一种重要生产要素,在经济发展中的作用日益增长,而需要加以管理的认识是相同的,对知识管理日趋重要的认识也是一致的。知识管理是信息管理的延伸与发展,主要作用在于培育集体创造力,形成自己的核心竞争力。知识的增加来源于不断学习。理论界一致认为,组织在未来的发展,取决于它的学习能力,而学习能力的高低决定了该组织是否有能力优先发展"头脑型"产业。从管理实践来看,近年来企业组织结构出现了一些新的变化,很多高科技公司在信息主管之外又增设了知识主管,两者职责分明,但目的都是为了培养组织的应变能力和创新能力。

6. 企业危机管理

环境的不确定性使组织越来越关注危机管理问题。美国"9.11"事件使各国政府认识到,国家必须建立一套防范重大突发事件的管理体制。2003 年的非典(SARS)危机、2005 年的禽流感、2006 年春节期间松花江水污染导致的哈尔滨停水事件等等,都说明了应对突发性危机的重要性。国家也好,事业单位也好，工商企业也好，无论哪种组织，面对未来的不确定性，必须根据组织情况，建立有效的预警机制，规避风险，实施管理创新，将风险降到最低。

实践创新

中国企业改革开放以来所取得的成就，激起了无数人的想像，为中国企业国际化树立了标杆，建立了信心。中国企业普遍面临转型挑战，其中创新正是关键所在。

创新的实践成效，体现在公司业绩的三个维度：全球收入、利润和出口的比例。各个行业的创新分为四大原型：客户中心型创新、效率驱动型创新、工程技术型创新以及科学研究型创新。

客户中心型创新。利用新产品、服务和业务模式解决消费者需求。该类别的行业包括互联网软件和服务、电器以及日用品。中国成为客户中心型创新的全球领导者，很大程度上得益于满足快速城市化人口的需求。自 2000 年以来，有 8500 多万户中国家庭升格为新主流消费群，而到 2020 年，1.06 亿户新家庭也将加入这一行列。相比于其他经济体，如此规模庞大且不断增长的消费市场有助于快速实现创新的规模化和商业化。

例如，社交平台微信只用了 1.2 年便吸收了 1 亿用户。阿里巴巴是全球最大的电子商务网站，得益于其发掘了未被满足的中国零售业的巨大需求：由于高度零散的产业布局，消费者选择极其有限，尤其是在二三线城市。阿里巴巴为所有行业的供应商提供了线上销售渠道，为消费者带来无限的选择。

丰富的创新机遇。据统计，中国服务业生产率仅仅是经合组织（OECD）国家的 10%—30%，有很大的提升空间。创新者推出形式多样的服务以满足消费者的需求，从在线医疗信息分享、线上挂号到 P2P 信贷为小企业提供融资渠道，再到各式 O2O 平台链接消费者和服务提供商如餐饮、美发等。

消费者给予创新热情的支持。他们愿意购买刚刚上市产品的 1.0 版本并提供反馈，帮助完善产品和服务。如今富裕的中国消费者越来越多，对创新的要求也越来越高，希望中国产品的价格和性能都要优于国际品牌。

在互联网业务模式创新领域，中国公司处于领先地位。例如，在将社交网站流量转化为收益方面，腾讯开辟了新的方式，不再单纯依赖广告收入。腾讯社交平台 90% 的收入来自线上游戏和销售虚拟物品，每位用户每年能够贡献 16 美元，这比 Facebook 的用户消费还高 6 美元。

效率驱动型创新。优化流程，降低成本，提升品质。作为世界工厂，中国的制造业生态系统覆盖面极广，在效率驱动型创新领域处于独一无二的优势地位。中国庞大的供应商群体，是日本的 5 倍，众多高技能劳动力以及完善的物流设施，使企业能够迅速提供低价格新元件，并实现追加供应的快速流转，从而快速响应客户的需求变化。按中国在全球 GDP 的占比，高效率行业比例远大于其应有的水平，如太阳能电池板行业占全球收入的 51%、纺织行业占 20% 和日用化学品占 15%。

不断革新开拓敏捷制造方式，包括灵活度更佳、成本更低的混合自动模式。浙江的正泰电器发现，全自动机器的维护成本是其所替代工人工资的 4 倍，而人工在小批量和定制订单方面更为高效。在分析过每一个工艺后，正泰在部分工艺上重新采用人工，为每条生产线节约了 60 万美元的投资，同时灵活性大大提升，浪费情况减少。服装制造商爱斯达投资购买了 3D 扫描和激光剪裁设备，消费者只需通过智能手机提供定制设计方案，爱斯达便可开始生产服装。该系统最快能够在收到订单后 30 分钟内，开始生产服装。生产能力提升了 30%，人力要求却降低了 50%。

工程技术型创新。通过整合供应商和合作伙伴的技术，设计开发新产品。工程技术型创新行业包括商用航空、汽车制造和电信设备。在工程技术型创新领域，中国企业的表现参差不齐。在高铁、风力发电机和电信这三大基于工程的行业中，中国供应商占全球营收比例相当大，分别为41%、21%和18%。在汽车行业，虽然已经成为全球最大的汽车市场，但企业占市场份额仅为7%，这表明中国汽车行业相对缺乏创新领导力。

在高铁行业，即使中国不断吸收国外先进技术，仍下定决心，要走自主创新之路。中国南方机车车辆工业集团公司发明"1/3比例"法：只要在技术转让方面花上1美元，就要投资3美元学习和应用技术。2010年，南方机车开始生产CRH380A动车，这是世界上运行速度最快的动车组，最高时速达380公里/小时。相比之下，汽车行业的创新发展则受到限制。企业出售的大多数车型都是在国外合作方提供的平台上设计，因此，汽车工程师还没有机会积累关键的"端到端"设计经验。

科技研究型创新。将研究成果通过商业化来开发新产品。医药、生物科技和半导体设计等行业依赖科研创新。这些行业内的企业可能会将收入的16%至33%投入研发，每个创新产品上市大概都要10年到15年时间。尽管中国不断投资研发，数十年来致力创办研究型大学，并培养出大量科技和工程人才，但从所占的全球市场份额来看，这些努力并未带来实质性的效果。医药品牌占全球市场份额不足1%，生物科技为3%，半导体设计为3%。

中国企业不断创新实践，显示出巨大的发展潜力。一是企业创新潜力强劲，企业家精神成为提升创新潜力的最重要动力，尤其表现在重研发、担风险、抓机会等方面；二是企业家创新投入意愿强烈，在创业成长期、技术密集型企业比较突出；三是市场环境、文化环境不断完善，注重中长期发展规划和多元化创新信息渠道等方面。

与此同时，企业创新也存在诸多问题、困难乃至挑战，其中人才环境是当前企业创新最大的瓶颈；不同行业类型企业在创新大环境上没有显著差异，而是在创新环境的各个维度上表现出不同的特征。具体而言：

其一，技术密集型行业的制度环境较好却面临较差的文化环境。这表明：一方面，国家创新战略等制度安排对企业起到了很好的引导作用；另一方面，技术密集型行业面临着知识产权保护政策落实不足、"山寨"模仿较为普遍等环境特征。

其二，中西部区域创新文化亟待培育，企业创新的实际投入与创新成效的持续性有待加强；知识产权保护以及创新支持的政策力度应给予更多关注；企业创新战略比较单一，过于依赖内部研发，以合作研发为特征的开放式创新亟待加强。

其三，创新环境有待改善，创新战略水平亟待提升。我国企业已经具备较好的创新潜力，且创新投入意愿较高，但受限于外部创新环境差和企业创新战略水平低，创新投入带来的创新效果有待提高。

总体来看，中国企业已进入创新活跃期，然而，企业创新尚存在诸多问题与挑战，企业内部创新潜力的发挥与外部创新环境的优化需要更好地协同发展，中国企业要取得更好的创新成效还需要有一个不断完善的过程。一方面，企业家应努力提高自身的创新思维方式与方法的水平，打造具备较高创新管理能力的专业化高层管理团队，努力激发一线员工等内部要素的持续创新动力；同时充分利用市场化创新机制，增强合作研发等开放式创新战略，更好地通过多层次创新推动企业转型升级。另一方面，抓紧培育创新人才，尤其是要培养和吸纳能够引领企业持续创新的企业家人才；需要大力培育鼓励创新、容忍失败的制度环境、文化环境和金融环境，营造创新发展的宽松的外部环境，加快创新驱动力的形成。

企业价值创造论

经营管理是一个不断思考创造价值的过程，"价值创造"是企业无处不在的课题，也是管理者必须具备的理念。企业发展有其价值链条，价值创造有其逻辑方法，形成良性循环对于企业稳健发展尤其关键。

价值链内涵

企业的每项生产经营活动都是创造价值的经济活动，企业所有的互不相同但又相互关联的生产经营活动，构成了价值创造的一个动态过程，即价值链。企业的生产经营活动是由设计、生产、营销、交货以及对生产经营起辅助作用的各种活动集合而成，而所有这些活动都可以用价值链表示出来。

在此基础上发展出了很多价值链的定义，如价值链是由一系列能够满足顾客需求的价值创造活动组成的，这些价值创造活动通过信息流、物流或资金流联系在一起；又如价值链是由一系列价值创造活动组成的，它是分析组织活动方式的一种方法。通过一系列满足客户需求的价值增值活动，来创造股东财富。

价值链分析是从企业内部条件出发，把企业经营活动的价值创造、成本构成同企业自身的竞争能力相结合，与竞争对手的经营活动相比较，从而发现企业目前及潜在优势与劣势的分析方法。

企业的价值活动可分为两类：基本活动和辅助活动，基本活动包括产品的物理构造、产品销售、货物运送以及售后服务。辅助活动即是对基本活动的支持，它们是依靠提供外购投入品、技术、人力资源和各种企业范围内的功能来进行的。对价值链分析的基础是对内部资源与能力的分析和对外部经营条件的分析。

对企业价值链进行分解并与竞争对手对比，可以找出产生差异、占有优势、降低成本的重点环节。因而可以利用波特的价值链理论对企业整体层次和细分层次的核心竞争力进行评估，即可将企业的核心竞争力解构并体现为各价值链环节的贡献度。通过企业价值链的分析来解剖企业每一个生产环节在市场竞争中与竞争者相应环节的地位以及它们对利润贡献的影响，从而得出企业竞争力的来源。

价值的创造

企业的发展成长既然是一个创造价值的过程，那么，站在不同位置，自然产生不一样的角度，在理论和实践中也就会存在不同的说法。总而言之，是创造什么、为谁创造的问题。比较普遍的看法主要有三种，即为企业创造价值、为股东创造价值、为社会创造价值。不同企业对此考虑的优先程度不尽相同。

1. 为企业创造价值

在经营管理中，为企业创造价值是首要目标，是管理者的"本分"。在追求企业价值最大化过程中，企业市场价值不断成长，行业地位稳步提升，都是价值创造的具体表现。从企业所处行业、发展战略模式、企业产品与服务等角度看，企业的做大、做强应该没有孰前孰后之分。在经济发展新常态下，企业要想存活，要发展得长远，无论是做大还是做强，都要遵循客观规律，科学发展，通过提升企业的价值创造能力来实现。从客户角度看，企业为客户提供创新、优质、低价的产品和服务，就是为客户创造了价值。企业为客户创造了尽可能多的价值，企业自身价值才能从客户需求的满足中得以实现。

那么，如何为企业创造价值呢？首先要有明确的价值创造理念。如果用创新的意识和精神去付诸行动，去推动实践，就容易实现价值创造的目标。比如，"客户至上"，就要求从客户角度出发，千方百计考虑客户利益，更多地为客户创造出有价值的东西，并实施差异化管理，努力做到"人无我有、人有我优"，在为客户创造价值最大化的同时，实现自身价值创造的最大化。

其次是构筑创造价值的平台。搭建信息平台，在产品信息、交易信息、市场信息、消费信息等信息处理中创造增值；搭建产品平台，在研发满足客户不同需求的新产品和附加值高的产品上创造价值；搭建渠道平台，在增进物流高效、资金流畅通、交货渠道快捷上获取增值；搭建服务平台，在客户维护、质量保证、售后服务中实现增值。

再次是突出企业战略价值创造。企业战略是价值创造的决定因素。通过产品和服务的市场选择与细分，提升参与全球竞争的机遇和程度，加大技术开发以增强竞争优势等，来创造企业的战略性价值。同时，通过健全企业管理制度、完善经营绩

53

效考核机制来提升企业经营性价值，通过物质资本的高效运营来创造企业有形价值，通过人力资本、组织资本、客户资本的有效管理来创造企业无形价值等。

2. 为股东创造价值

"资本"的出现让企业成为社会中最主要的价值创造组织，使人类第一次能够有效地聚集社会资源，主动地进行大规模的价值创造活动，从此人类的价值创造能力得到极大提升，创造出前所未有的物质财富，使人类逐渐摆脱低层次生存需求缺失的困境。但是资本无法直接创造价值，只有劳动才能创造价值。资本只能以间接的形式创造价值，这种间接性体现在资本能够在市场中获取独特资源，从而使资本收益成为企业为股东创造的主要价值。所谓股东价值是指企业股东所拥有的普通股权益的价值。随着市场经济的逐步完善，股东价值的重要性也越来越显现。一方面它是考察公司业绩并据以建立激励机制的重要标准，另一方面它也是股东控制权市场的重要依据，从某种程度上讲，它还对社会保障制度的完善有着积极的意义。在现代企业中，股东是企业的出资人，是企业的所有者，企业以股东利益为中心，可谓天经地义。

3. 为社会创造价值

企业作为社会组织，有其社会属性、社会责任，除满足企业自身利益外，为社会创造价值是企业的责任和义务。不少学者认为，企业社会责任思想的起点是亚当·斯密的"看不见的手"。古典经济学理论认为，一个社会通过市场能够最好地确定其需要，如果企业尽可能高效率地使用资源以提供社会需要的产品和服务，并以消费者愿意支付的价格销售它们，企业就尽到了自己的社会责任。如果公众对企业产生怀疑，引发不满情绪，往往会导致企业声誉或形象受损，甚至危及企业的生存与发展。只有倾听来自社会各界的声音，注重社会大众的多元化诉求，不断改进服务、关注公益、服务公众、回报社会，企业才能不断增强公信力，打造良好的品牌形象。随着社会的进步，越来越多的企业开始重视并履行社会责任，在企业创造利润、对股东和员工承担法律责任的同时，还要承担对消费者、社区和环境的责任。企业的社会责任要求企业必须超越把利润作为唯一目标的传统理念，强调要在生产过程中对人的价值的关注，强调对环境、消费者、社会的贡献。

本末之关系

为企业、股东、社会创造价值，三者之中，从不同角度考虑会存在一定的优先顺序。所有价值创造都来源于一个要素——员工，这是整个企业价值链上最根本、最基础的前提。对企业来说，企业经营和发展的起点始于员工，只有为员工创造价值，才能进一步为企业、为股东、为社会创造更多价值。

就本末关系而言，为员工创造价值是根本。因为员工是为股东创造利益的主要载体，只有源源不断地为员工创造价值，才能提高企业的价值，从而股东利益最大化才会有可靠保证。从中国现代汉语概念看，"企业"一词若少了"人"，则将成为"止业"，从而也就意味着"关张歇业"了。企业追求盈利最大化，为股东创造价值，为社会创造价值，是其应有之责，无可非议。但从价值创造的逻辑链来看，员工是价值创造的主体，为员工创造价值是价值创造的源头，是企业发展"本与末"的逻辑关系。

如果将"为员工创造价值"作为核心价值观，那么，实现员工利益最大化，就是最大的业绩观。如何实现员工利益，归根结底依靠发展。发展不是虚无缥缈的幻想，而是实实在在的作为，它与员工的福祉息息相关。

56

图 1.4　美国硅谷
企业分布地图

57

　　硅谷位于美国旧金山海湾一条 50 公里宽、15 公里长的谷
底，如今因高科技企业聚集而闻名全球，成为信息时代的象征。
20 世纪 80 年代，硅谷已经有 3000 多家电子公司；90 年代，平
均每周有 18 家公司成立；如今美国每 12 件专利中就有 1 件来
自硅谷。当我们谈论硅谷奇迹时，我们知道它离不开斯坦福大
学的扶植，精英校友的云集，风险投资的介入等等，在硅谷，
凭借一个新技术、新想法，就能获得投资，就能开创事业。在
苹果、谷歌、特斯拉这些最伟大互联网企业的背后，高素质的
管理者和员工是驱动企业发展的核心动力、发展之源，有了这
些，随之而来的则是技术的突飞猛进，资本的聚集效应。硅谷
模式的巨大成功，其背后是人才、技术、资本、环境等多重因
素的叠加，但在众多因素中，人是最关键的一环，也是企业价

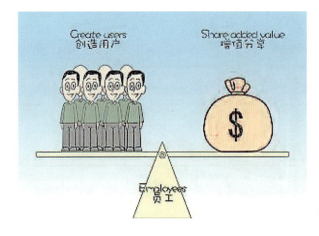

图 1.5　员工在企业中处于"本"的地位

值创造的本源。

　　维护和实现员工的根本利益是工作的出发点和立足点，企业经营要把为员工创造价值放到第一位，树立发展为了员工、发展依靠员工、发展成果与员工共享的理念，构建员工与企业和谐发展、共同成长的价值体系。实践证明，经营企业首先必须关注人的行为，管理要"以人为本"，而不是简单地"以数量为本"，或者"以利润为本"。主要看能否为股东创造更多价值，提高客户满意度，有效增长社会福祉。只有为员工创造价值，才能不断激发其创造力和创新力，从而为各方创造更丰富的价值。

第二章

理念为先

　　理念是指导工作和生活的准绳，包括人生理念、哲学理念、学习理念、办学理念、投资理念、教育理念等等。在企业的经营管理中，经营理念作为企业思想的核心体系，是企业认识、适应、引导市场环境并求得生存发展的主导价值观，它决定着企业的价值取向和精神追求，是企业经营发展的灵魂。

理念为何物

根据《辞海》释义，理念是思维活动的结果，是上升到理性高度的观念，人们用自己的语言，将其归纳总结为思想、观念、概念与法则等。对于企业而言，理念即企业的经营思想，包括选择发展道路，引领发展方向，指导具体行为，追求共同的信念和经营目标。

理念是企业经营发展中系统的、根本的管理思想，是经营管理者创造绩效的依据，也是对市场竞争、客户营销、员工价值等经营行为的确认。

理念要与时俱进，符合时代潮流，适应企业的客观实际。

理念选择企业的经营行为，不同的行为方式导致企业的兴衰存亡。

先进的经营理念，为企业发展梦想的
实现，提供了不竭的动力

第一节

态度定成效

决定企业经营成败的因素有多种，其中经营态度发挥着特殊的作用。态度即精神，与技术和方法相辅相成，成为企业经营发展乃至缔造奇迹的关键。

隔行不隔理

现代商业领域中，不同行业之间有着相当大的差别。随着科学技术的发展，行业细分程度越来越高，同一行业中的两家企业也会因为各自的战略发展方针和目标客户群体的不同而有很大的不同。

跳出单纯的商业领域，将视野放宽到竞技体育时，无疑它与企业管理之间有着更大的行业跨度，各自都有一套独特的运行模式和规律，也存在不同的衡量成败的标准。从表面上看

"隔行如隔山",但无论是竞技体育还是企业经营管理,所需遵循的理念和运用的方法有很多相似之处,且万变不离其宗。例如排球是一个团队运动项目,需要由教练组建合适的团队,配以合理的战术,加上有效的训练管理,才能在运动场上获取优异的成绩。如何做好一名团队管理者,"经营"好一支队伍,提升团队成员的战斗力,并最终取得预期的目标,这与企业管理的道理相通,"隔行不隔理"。

中国女排是中国三大球,乃至整个中国体育团队中成绩最突出的队伍之一,曾在 1981 年和 1985 年世界杯、1982 年和 1986 年世锦赛、1984 年奥运会夺冠,成为当时世界排坛第一支成就"五连冠"的队伍。此后又在 2003 年世界杯和 2004 年奥运会两夺冠军,"女排精神"响彻中华。然而在此后长达近 10 年的时间中,中国女排神奇不再,不仅再也没有问鼎世界级大赛的冠军,甚至在亚洲的原有地位也不复存在,接连败给老对手日本女排和泰国女排,这支胜利之师成了"沉睡之狮"。

2013 年初,中国女排的传奇人物郎平重执教鞭,成为新掌门人。短短两年半的时间,这支队伍荣光再现,在 2015 年女排世界杯上,拿下 11 年后的又一个世界杯冠军。此后的 2016 年里约奥运会上,中国女排在预选赛成绩平平的情况下,一路过关斩将,超水平发挥,最终拼下当届奥运会中国军团三大球项目中唯一的一块金牌。

中国女排的胜利，是多方面因素共同作用的结果，既有精神层面，也有物质层面，两者互为促进，缺一不可。

1. 内涵丰富的"女排精神"

"女排精神"不是一个新鲜词。中国女排第一个辉煌阶段就普遍被认为很大程度上归功于"女排精神"，它也被认为是为国奉献、奋力拼搏的代名词。"女排精神"是中国女排这个团队在比赛和训练的不断实践中生成与升华的最深层的价值体系，集中体现了这个集体在共同信念、情感态度、意志品质等各方面的特质。它不仅存在于夺冠的瞬间，更作用于每一次的失利与挫折之中。"女排精神"是中国女排思想和实践的本质，看似抽象，内涵十分丰富。

追求卓越：竞争取胜是每一个团队集体的终极目标，对于中国女排姑娘来说也不例外。作为职业化程度相对较低的竞技项目，排球运动的至高荣誉即为世界大赛，尤其是奥运会的冠军。从绝对实力看，中国女排不是世界赛场上最强的队伍，但她们拥有追求卓越的意志，是最渴望获得冠军的队伍。竞技体育，追求卓越是一种内驱力，是将自身的优势和能力发挥到极致的一种状态。尽管经历了起伏，正是追求卓越的信念，坚持在挫折中成长、在失败中创新，真正体现了竞技体育的本真价值。

刻苦训练：面对世界排球运动发展趋势和强手特点，依靠先进的理念，开展有针对性的强化训练，模拟世界强敌"男子化"特点，利用男运动员作陪练，视训练为实战，有效提升实战中的适应性和应变力。在物质条件极为艰苦的情况下，从不喊苦、绝不言累，以为国争光的信念，在训练难度和强度上远超其他对手，为了在赛场上能够精准、默契，即使伤病也无法阻止她们挥洒汗水。通过苦练、智练加巧练，形成一套行之有效应对强敌的战术体系。

心神合一：团结协作是竞技体育获胜的基础，个人担当是凝聚力量的责任，集体智慧是解决问题的方法。女排姑娘传承老一辈的优良品质，充分了解彼此，长期处于相互信任的环境，产生"化学反应"，形成极致的团队合作，称得上大写的"团队精神"。她们不是场上6个人在打球，而是团队12人浑然一体，心往一处想、劲往一处使，凝聚成强大的团队力量。团队合作的紧密无间，尤其表现为每一名队员都愿意将自己的"后背"交付给队友，队员之间互相弥补，互相支撑，不仅"人"在一起，更是"心"在一起，她们秉承着共同的信念，将个人力量与集体荣誉共同升华。

永不言败：2016 年里约奥运会，女排姑娘在小组赛接连负于巴西女排和塞尔维亚女排，当时无论是国内外的媒体还是体育评论员都对中国女排的前景看衰，认为她们的实力还远未达到世界冠军的地步。但事实证明，在半决赛和决赛的赛场上，中国女排用两场漂亮的胜利诠释了永不言败的精神。竞技体育，困难与失败永远无法避免，但是从失败中总结教训，从遗憾中找出制胜秘诀，是中国女排的精神财富。永不言败的"女排精神"不是赢的结果，而是拼的过程，把不可能变成可能。

2. 竞技场上的灵魂

中国女排主教练郎平，是中国女排的掌舵人，也是整个女排团队的灵魂。她拥有独特而鲜明的人格魅力。无论当年作为主力球员的"铁榔头"，还是作为教练的"郎指导"，她在场上场下，时刻散发一种积极向上、永不放弃、渴望胜利、超越自我的激情。在她的感召下，女排队员士气高昂，努力拼搏，敢于争胜，形成团结协作的良好氛围。作为一支球队的领导者，郎平在多个方面都是中国女排的核心人物。

与众不同的气质：郎平与她同时代的运动员相比，走了一条迥然不同的人生道路。她的队友们在结束运动员生涯后大都进入体制内，担任中国体育系统的官员，在竞技场外继续发挥余热。而郎平则毅然决然地放弃这些，从一个穷学生做起，前往美国学习最先进的体育理念。在美国，郎平接触到在中国无法学到的知识，并逐渐具备了全球化的视野和理念。从带领美国女排开始，郎平踏上了一条成为世界顶尖排球教练员之路，所到之处无不大获成功。正是郎平富有远见卓识的理念和乐于挑战自己的决心，在世界顶尖排球教练中她脱颖而出，成就了"排坛教母"之威名。

不断创新的战术：郎平利用丰富的执教经验和国际化的视野，为略显沉闷的中国女排带来了新的风采。面对不同的对手，设计安排相应的战术，擅长"看菜吃饭、量体裁衣"，通过对女排现有人选的细致分析和对后备人才的大量考察，选入一批新鲜血液。目前已成为"世界第一主攻"的朱婷是中国女排最为重要的攻坚利器；更加年轻的袁心玥和张常宁也都在奥运赛场上为女排夺冠贡献了自己的力量。郎平的出众之处在于，她会根据球员的不同特点，打造丰富的战术体系，尽可能发挥每位队员的潜能。针对奥运会的特殊赛制，在小组赛战绩不佳，堪堪进入淘汰赛的严峻局面下，郎平针对此前比赛中发现的问题和对手的漏洞，制订出与小组赛完全不同的战术打法，充分利用欧美选手存在的战术短板，妙手回春，击败各路豪强，从而让中国女排又一次站上最高领奖台。

灵活的场上应变：在场上，郎平犹如战场上的将军，指挥爱将冲锋陷阵。排球是三大球中唯一没有直接身体对抗的运动项目，这就令场上教练员的临场应变更具分量。两军交战，知己知彼，百战不殆。运动员之间的斗法离不开教练员的运筹帷幄，赛前的情报战固然重要，当双方都做足准备，充分设计针对性战术的情况下，此时在球场上根据球队的实际发挥进行临场应对就更加关键。同大多数学院派的教练员不同，运动员出身的郎平对场上瞬息万变的局势具有更加敏锐的嗅觉。2016 年里约奥运会决赛，面对身体条件更加出众的塞尔维亚队，中国女排第一局受制于对手强力的发球，迅速落败。针对这一情况，郎平强调网前拦防、防守反击。她深知，随着比赛的进程，对手体力会下降，发球威力也会逐步下降，因此只要做好防守，并加强己方的发球质量，局面就可能逆转。事实也是如此，当塞尔维亚队的发球不再那么犀利，中国女排快速进攻的优势得以发挥。在比赛最为胶着的第四盘，此时女排姑娘的体力进入瓶颈期，郎平索性对每一球都给予直截了当的指示。这时郎平的经验优势得以发挥，她远胜对手教练的境界令其每一条指示几乎都能直接得分，中国女排在先输一盘的情况下连下三城，再次成就奥运冠军的伟业。

3. 科学的训练和管理

中国女排是一支科学训练的队伍。在实战中不断提升对战术的认识，在继承"魔鬼训练"的同时，更注重科学训练和管理创新。

从训练方法上，打造"中西"复合型团队。以郎平为核心的中国女排教练团队，有着以往所不具备的强大阵容。在 14 名教练组成员中除新加入的原男女排知名陪练，还有为中国女排保驾护航的医疗保障团队，如体能教练、康复师等，则是来自美国、澳大利亚等国家的。郎平的用意就是，让世界上先进的理念为我所用，以此来排解困扰中国女排多年的体能训练问题。在平时的训练中，郎平会将技术特点不尽相同的球员，分配给不同的助教进行专项训练，最大限度地发挥教练团队的集体智慧和经验，让平时的训练任务做到有的放矢。通过主教练与助教进行目光和手势交流，通过调整发球线路和落点变化来达到最大的破攻效果，这一幕幕得益于现场即时反馈的技术统计。场外的教练团队通过软件分析现场比赛的数据，及时反馈给主教练郎平供其作出相应的战术调整。此外，助教们还需要将比赛视频进行剪辑和数据整理，将其作为未来备战研究对手进攻线路的第一手资料。

　　在管理体制上，启用"大国家队"模式。在"体制内"制约下，无法张弛有度地开展团队管理是教练组面对的最大难题，在教练团队的共同努力下获得了国家体育总局排球运动管理中心的"充分放权"。同时将"大国家队"理念首次带入中国女排。每次集训，国家队成员多达30人，凡是联赛中表现出色的年轻球员都可获得集训的机会，以促进队员的快速成长。以往都是安排不同的球员参加不同等级的大赛，且各大赛仅靠六七个人打天下，现在带队原则是让人人都能参加比赛，给每一个队员创造显示潜力的机会，营造了生机盎然、蓬勃向上的良好局面。

　　郎平心无旁骛，数十年潜心排球事业，从赛场上的冲锋陷

图 2.1　身经百战、不断磨砺，铸就独特的"女排精神"

阵，到坐镇教练席的运筹帷幄，为中国女排带来无数冠军，立下汗马功劳。压力和艰险难不倒她，失败和困境挡不住她，面对矛盾和流言她从容应对，某种意义上，她与中国女排画上等号。郎平，不仅具备女排精神的一切实质，作为传承者，她将这种崇高的信念灌输到新一代女排姑娘心中，身体力行地践行着"女排精神"，丰富的内涵，她是活着的传奇，"女排精神"的化身。

精神转物质

1. 情绪感染

情绪感染是心理学名词，是对客观世界的主观认识，表现为思想情感的心理和生理状态。最普通的情绪有喜、怒、哀、乐之类，也有一些细腻微妙的情绪，如嫉妒、惭愧、自豪等。情绪和心情、性格、脾气、目的等因素互相作用，无论是正面还是负面的情绪，都会引发人的动机。

领导者看待事物的方式有一种特殊的影响力，他们负责管理团队前进的方向，并为团队成员提供解读既定情境的方法以及合理应对其情感上的反应。无论是积极情绪还是消极情绪，都会改造一个人或者一个团队。人们容易从领导者身上获得情感暗示，即使在那些领导者并不轻易现身的工作场所也是如此。高层领导者的情绪，会影响直属员工的情绪，并且通过多米诺骨牌效应波及整个团队甚至整家公司，影响公司整体的情感氛围。

领导者发表的讲话要比其他人多得多，而人们聆听领导者讲话时也更仔细。领导者通常也是第一个就某一主题发表讲话的人，而其他人发表意见时，最常提及的往往也是领导者的讲话，而非其他人的评论。领导者即使是在保持沉默时，仍是团队中备受关注的人。当团队成员进行提问时，人们会把目光定格在领导者的身上，期待他的回答。团队成员通常将领导者的情感反应视为最有效的答案，并且仿效领导者做出自己的情感反应，尤其在情况不明、团队成员反应不一的情况下，更是如此。在某种意义上，领导者设定了整个团队的情感标准。

领导者可以慷慨地赞美他人，也可以对此有所保留；可以提出建设性的批评，也可以给予毁灭性的斥责；可以支持、满足员工的需求，也可以对此视而不见、听而不闻；可以在规划团队使命时对每位成员的贡献度赋予更大的意义，也可以指导员工明确他们的工作职责和方向，鼓励灵活性，给予员工自由度，使他们可以充分利用自己的判断力去完成工作。赞美会令员工迸发强大的自信心和能动性，激发自身未开发的潜力；在某些场合，适当的批评会令员工意识到自身的短板所在，有针对性地改掉缺点，发挥长处，同样产生积极的作用。

在团队合作时，积极的情绪显得尤为重要：一方面，领导者需要将整个团队融入到积极、合作的情绪中，这种能力决定了团队的成功与否；另一方面，当团队的情感冲突分散了人们对共同工作的注意力时，整个团队的表现因此而受影响。

团队个人表现的才能总和，取决于团队在和谐氛围中的情商高低。善于团队协作的领导者可以保持团队的高度合作，并确保最终的决策不辜负大家在协作中所付出的努力。这样的领导者知道如何平衡全局，引起团队对工作的专注，确保团队成员和谐相处。领导者的赞美和鼓励往往比批评更有效，他们很自然地创造出高效的工作氛围，鼓舞并振奋大家的士气和情绪。

领导者积极聆听员工的心声，给予积极的回应，能极大程度地提升员工的积极性，令其拥有高昂的士气，主动提升工作的能动性，使企业整体处于正能量的氛围之中。

2．气场吸引

气场是对一个人散发的隐形能量的描述，用于衡量其把握自然规律的水平。人的身心活动要与自然规律相一致，气场大小与顺应自然规律的能力成正比。气场可以对周围人产生影响力，是一个人的存在感和吸引力所在。气场主要由三部分组成：

谋势：势，代表事物变化客观的方向。谋，意味着思考、求取和把握。谋势就是把握事物发展的总体趋势，布局制胜因素，搭建核心框架，将事物发展纳入预设的轨道。

展现气势是谋势的外在姿态，在恰当时机展示自己的力量和风貌，表达自我追求的目标，给竞争对手以压迫感，形成"不战而屈人之兵"的优势局面。智慧是谋势的内在抓手，谋势在智不在勇，基于对客观事物规律性的认识，谋划在先、深谋远虑、谋事精准、谋定而动。掌握主动是谋势的衡量尺度。谋势归根到底是要把控大局，不计暂时得失，从战略高度把控节奏和总体发展方向。

格局：格，是对认知范围内事物的了解程度。局，是对认知范围内事物所抱持的气度和胸怀。不同的人，对事物的认知范围不一样，所保持的态度也不同，格局也就不尽相同。

格局决定企业经营管理视野，是系统全面看问题的能力。不局限于个别环节，更注重统筹兼顾整体发展和中长期目标；保持清醒认识，了解竞争动态，知己知彼，对市场大环境和同业竞争方式的变化心中有数；不因各种干扰而盲从，透过现象看本质，使企业健康稳定协调发展。

情商：情商（emotion quotient）即"情绪商数"，主要是指人在情绪、意志、耐受挫折等方面的品质。情商是企业管理者领导力的重要组成部分，提高情商就是把不可控制情绪的部分，变为可控制情绪，从而增强理解他人及与他人相处的能力。

情商在企业管理中，通常表现为"在合适的时候，做合适的事"：有效处理矛盾，沉着冷静，倾听反映，分门别类，区别对待，有理有据，以理服人，保证政令畅通；营造良好氛围，坦诚相待，求同存异，大事讲原则，小事讲风格，乐于沟通，赞赏鼓励，为企业经营环境提供丰富的精神支持；化解疑难杂症，通过"望、闻、问、切"的调研手段，抓主要，化次要，找准症结，对症下药，突破发展瓶颈。

拥有强大的气场，还必须修炼良好的心境：

自信心是反映个体衡量自身是否有能力完成某项活动的心理特性。通常表现为一种积极有效地表达自我价值、自我尊重、自我理解的意识。强大的自信心使其在生活与工作中拥有"主角"的气场。

自古以来，许多伟人和成功人士凭借不屈不挠的自信精神，从逆境甚至绝境中走出来，依靠的就是无比坚强的自信。只有具备自信心，经得起考验的人，才能在逆境中汲取营养，成为真正的强者。

进取心是不满足于现状，不断追求的精神状态，召唤你朝更高的境界攀登。发展不是推顺风车，会遭遇各种障碍，发展越快，压力越大，要有不怕艰难、敢于迎难而上的勇气。在企业经营中，有些事在能力范围之内，但更多事需要通过努力来实现。如果缺乏勇气，机遇来了就会视而不见，对企业发展带来永久的伤害。只有不断进取，才能有所收获，以小积大，最终站在胜利的顶峰。

感恩心就是对人、事、物给予的帮助表示感激的心态，是一种处世哲学和人生智慧。感恩心让人乐观、向上，以积极的心态面对困难，以友善的态度去对待身边的人和事，把成功看作鼓舞和鞭策，把挫折视为历练的收获。

投之以桃，报之以李。懂得感恩同伴，就会得到更多的支持和帮助；懂得感恩客户，感恩对手，就会得到更多的理解和尊重；感恩朋友，感恩家人，就会得到更多的依靠和保障。

3. 精神力量

事在人为，贵在亮剑。人们现在经常说起的"亮剑精神"出自电视剧《亮剑》，军人打仗和企业经营看似八竿子打不到一起，事实上优秀的将领和企业的领导者一样，都要有强大的个人魅力，凝聚人心，运用战略战术将团队的力量发挥到极致，才能获得最后胜利，可谓殊途同归。

电视剧《亮剑》讲述了优秀将领李云龙富有传奇色彩的一生，从他任八路军某独立团团长率部在晋西北英勇抗击日寇开始，到解放后被授予少将军衔为止，描绘了其凭借特质，铸就"亮剑精神"——面对强大的敌手，明知不敌也要毅然亮剑。即使倒下，也要成为一座山，一道岭。

他带领的独立团给人留下了深刻的印象，他逢敌必亮剑，把敌人打得闻风丧胆。他的英勇作战、独特的人格魅力与"亮剑精神"密不可分：不管对手多么强大，都要敢于亮剑，敢于一决高低。剑锋所指，所向披靡！亮剑彰显勇气，是大无畏的胆略；亮剑意味气魄，是永不言败的信心；亮剑充满力量，是豪气当头、不可阻挡的锐势；亮剑蕴含智慧，是避虚就实、占据先机的应变；亮剑磨炼韧劲，是目标订立、永不放弃的意志。企业经营管理过程中，多种因素相互影响，企业的成败不仅取决于其在所处行业中的竞争力，更取决于企业本身的气质和精神。企业要取得成功，不仅要有先进的理念、超常的措施，也要有无畏无惧、勇往直前、灵活多变、坚韧不拔的"亮剑精神"。

狭路相逢勇者胜。市场竞争残酷无情，稍有疏忽，前功尽弃。从竞争形势看，犹如战场，两军相逢勇者胜。竞争不可怕，可怕的是缺乏敢想、敢做和敢闯的勇气。不怕做不到，只怕想不到，只要努力，一切皆有可能。困难和办法是事物矛盾的对立统一，想事是做事的动因，追求是做事的目标。观望一事无成，努力就有希望。只要坚定信念，持之以恒，就能开启成功的梦想之门。攻坚克难，勇于攀登，明知山有虎，偏向虎山行，是市场竞争的亮剑精神。

"大鱼吃小鱼"是自然法则，"快鱼吃慢鱼"是市场竞争的发展趋势。先机稍纵即逝，先人一拍，快人一步，说了算，定了干，是抢占市场第一块"蛋糕"的有效途径。理念领先，以现代企业先进理念为指导，适时而用，应时而变，引领企业市场竞争；合理布局，把握市场动向，集中优势资源，做强重点领域，统筹全局发展；深耕产品，细分对象，深化产品研发，增强品质体验，满足多样化需求；优化管理，实施精细化管理，转换激励机制，挖掘资源潜力，营造企业文化，凝聚团队竞争力，提升企业管理的科学性。

勇者相逢智者胜。匹夫之勇，不足尚也。勇气固然不可或缺，但以智谋胜更加难能可贵。从实际出发，扬长避短、运筹帷幄、避敌锋芒、出其不意、攻其不备，将会起到"四两拨千斤"的效果。

善出奇招，闯出新路。紧盯市场，分析对手、潜心研究、完善管理、组织专业研发团队，制订竞争策略，研究人无我有的竞争"杀手锏"出奇制胜。借势发挥，通过合作共赢、优势互补、为我所用，打造新的增长点。解放思想，善抓机遇，推陈出新，创造亮点，开辟新的发展道路。

随变而新，助推超越。用"人有我新"的思路作为"助推器"，捕捉市场新热点，了解宏观政策变化，踏准经营节拍；引领市场新潮流，建立领跑地位，形成特色优势；符合客户变化需求，细分客户群体，聆听个性化诉求，及时调整产品服务。在顺境时巩固和扩大优势，在逆境时弥补短板、缩小差距，实现弯道超车。

未雨绸缪，拓展空间。东边不亮西边亮，开发新的市场空间，实施蓝海战略。从"拼市场"到"造市场"，从"营销产品"到"营销观念"，将注意力从行业竞争残酷的"贴身肉搏"，转为创造需求。通过差异化经营，获得新的市场领域，为企业带来低成本、高收益的发展空间。

智者相逢恒者胜。欲承王冠，必受其重。"咬定青山不放松"，注重积累，步步为营，在"持久战"中保持旺盛的生命力。

秉持初心，跑全程"马拉松"。立足自身能力特点，保持不断前进的发展态势；铸就精品，在产品和研发上下苦功，实现品质超越；塑造品牌，培育企业无形资产，建立良好市场口碑。形成特色鲜明、品质出众、客户认可的产品服务体系，引领企业逐步走向"百年老店"的行列。

锲而不舍，坚持正确的选择。客观审视企业发展中的困难、挫折、危机。"两害相权取其轻，两利相权取其重"，放弃与坚持是一种权衡的选择，作出放弃有时是一种无奈，暂时放弃，以期东山再起，也是一种战略考虑。但无数案例证明，很多企业放弃之时，离成功只是一步之遥。锲而不舍，坚定不移，不懈地朝正确方向前进，是企业发展弥足珍贵的精神财富。

水到渠成，实现量变到质变。企业发展经历由小到大、由弱到强的过程，经营管理理念由浅入深，循序渐进式发展。企业通过不断积累小胜，为获取全面胜利奠定基础；不断总结教训，为解决问题提供借鉴；持续深耕客户，为业务扩张储备市场资源。通过创造积累，使企业经营的规模、结构、效益同步升级，实现"质"的飞跃。

物质变精神

1. 基本功与工匠

基本功是从事某种职业或工作所必需掌握的知识和技能。书法家挥毫泼墨离不开对笔画的琢磨构建，足球场上的华丽技艺离不开场下对传控球无数次的精细训练。中国古代有一个庖丁解牛的故事，厨师给梁惠王宰牛，每一刀都精准无比，再小的关节处进刀都游刃有余，甚至刀与牛骨头摩擦的声音还合乎音律。厨师的解释是，一开始眼中有全牛，三年眼中就不见整头牛了。庖丁解牛用的是"以神遇而不以目视"，也就是用精神，顺着牛的结构在下刀。普通厨师一年就会弄坏一把刀，而他的刀19年了还跟新磨的一样。简单的事情重复做，你就是专家；重复的事情用心做，你就是赢家。

基本功是通向工匠的必经之路。日本、德国的制造业，对品质和工艺有非常苛刻的要求，人们普遍印象之一就是"认真""严谨"。工匠精神是企业成为百年企业的精神支柱。据统计，寿命超过200年的企业，日本有3146家，居全球之首，德国837家，荷兰222家，法国196家。纵然这些"长寿"企业扎堆出现有复杂多变的内、外部因素，但无论提供产品或是服务，注重品质、精益求精的理念和做法，贯穿于成功企业发展的始终。一家企业能走多远、做多大，工匠精神是其"生命"历程和价值构成中的一笔巨大精神财富。有些人把工匠看作机械重复的工作者，其实工匠是技术和精神融汇一体的境界，具有显著特征：

敬业：追求卓越的创造精神。爱岗敬业、忠于职守；孜孜不倦、持之以恒；淡泊明志、修己以敬。

精益：基业长青的精细品质。高标定位、技艺精湛；注重

图 2.2 "工匠"是技术与精神的融合统一

细节、严格标准；竭尽心力、追求完美。

专注：艺无止境的执着韧劲。善于思考、执着探索；心无旁骛、水滴石穿；事无大小、一以贯之。

创新：与时俱进的改革求变。丰富的想像力，求变的创造力，革新的行动力。在发展中创造，在求变中创新，在创新中求变。

2. 科学管理方法

科学管理方法是遵循企业管理的客观规律，与时俱进、实事求是，用科学化、标准化的管理手段，采用职能分工模式，代替经验管理的一种现代企业经营方式。其主要特征是进行调查研究，以客观事实为依据，利用工具制定标准化操作流程，

83

拟定科学计划，发布指令和命令，进行有效控制的过程。20世纪以来，随着自然科学的发展，出现了许多新的管理方法，如控制论、信息论、系统论等，促进了科学管理在实践中的丰富应用。

方法比知识更重要。大数据这个原本属于专业人员的词汇，近年来走进了大众的视野，渗透和运用于各种领域，对人们的工作、生活和思维产生了巨大的影响。大数据技术掀起了一场新技术革命，让现代社会迅速进入信息化时代，并带来新的技术手段和科学方法。大数据不用随机分析法（抽样调查）这种捷径，而采用所有数据进行分析处理。大数据具备"5V"特点：Volume（大量）、Velocity（高速）、Variety（多样）、Value（低价值密度）、Veracity（真实性）。这是一种符合科学方法论的现代数据采集、统计、挖掘和分析的方式。在大数据的影响下，未来科学理论将会得到进一步突破，数据科学也将成为一门独立的新学科，数据管理或将成为企业的核心竞争力并直接影响财务表现，数据生态的复合化程度也会不断加强。当然，有数据很重要，如何去分析数据、使用数据更为重要，所以"大数据"不仅仅是数据本身，而是一种系统的科学方法。

大数据广泛应用于各个行业，在悄无声息中影响着人们的

84

生活。以保险行业为例：大数据应用案例之保险行业——保险行业并非技术创新的指示灯，然而 MetLife 保险公司已经投资 3 亿美元建立一个新式系统，其中的第一款产品是一个基于 MongoDB 的应用程序，它将所有客户信息放在一个程序中共同处理。

MongoDB 汇聚了来自 70 多个遗留系统的数据，并将其合并成一个单一的记录。它运行在两个数据中心的 6 个服务器上，目前存储了 24TB 的数据。这包括 MetLife 的全部美国客户，尽管它的目标是扩大它的国际客户和多种语言，同时也可能创建一个面向客户的版本。它的更新几乎是实时的，当新客户的数据输入时，就好像 Facebook 墙一样。

大多数疾病可以通过药物来达到治疗效果，但如何让医生和病人能够专注参加一两个可以真正改善病人健康状况的干预项目却极具挑战。安泰保险目前正尝试通过大数据达到此目的。安泰保险为了帮助和改善代谢综合征患者的预测，从千名患者中选择 102 个完成实验。在一个独立的实验室工作内，通过患者的一系列代谢综合征的检测试验结果，连续三年，扫描 600000 个化验结果和 18 万件索赔事件。将最后的结果组成一个高度个性化的治疗方案，以评估患者的危险因素和重点治疗方案。这样，医生可以通过让患者食用他汀类药物或建议患者减重 5 磅等来减少其在未来 10 年内 50% 的发病率。或者通过对目前体内高于 20% 含糖量的患者，建议其降低体内甘油三酯总量。

大数据"5V"特点

（1）Volume：数据量大，包括采集、存储和计算的量都非常大。大数据的起始计量单位至少是 P（1000 个 T）、E（100 万个 T）或 Z（10 亿个 T）。

（2）Variety：种类和来源多样化。包括结构化、半结构化和非结构化数据，具体表现为网络日志、音频、视频、图片、地理位置信息等等，多类型的数据对数据的处理能力提出了更高的要求。

（3）Value：数据价值密度相对较低，或者说是浪里淘沙却又弥足珍贵。随着互联网以及物联网的广泛应用，信息感知无处不在，信息海量，但价值密度较低，如何结合业务逻辑并通过强大的机器算法来挖掘数据价值，是大数据时代最需要解决的问题。

（4）Velocity：数据增长速度快，处理速度也快，时效性要求高。比如搜索引擎要求几分钟前的新闻能够被用户查询到，个性化推荐算法尽可能要求实时完成推荐。这是大数据区别于传统数据挖掘的显著特征。

（5）Veracity：数据的准确性和可信赖度，即数据的质量。

用大数据对现代企业进行科学管理，对企业经营管理产生了深远影响。

转变经营管理理念。企业管理层是决策的最终核心部门，在思想和理念上引领整个企业发展的方向。全新的大数据管理决策理念，推动企业管理层思想由传统方式向科学的互联网思维转型，对企业适应互联网时代竞争，开展科学管理，提升顶层设计能力，起到理念引领的作用。

改变数据使用方式。数据和信息爆炸式的增长要求企业不断优化数据信息的管理和分析能力。传统的本地化数据存储，渐被海量"云数据"所取代。企业决策也将更依赖大数据的高效存储、便捷利用和精确分析能力，去粗取精、去伪存真，为企业做出战略性决策提供数据和信息支撑。

提供良好决策环境。传统企业管理常会遇到信息不对称、数据不完整等棘手问题，影响管理决策的科学性和准确性。大数据环境下，这些问题都将得到明显改善，为企业系统全面掌握信息，开展经营管理，营造了科学的决策环境。

第二节

精细化管理

精细化管理，是精细化思想在管理学应用延伸中的"理论化"和"指导化"。精细化管理在放大管理视角和强化管理深度的同时，助推企业管理走向更为尖端的发展领域，为经营发展提供科学有效的模式和理念，得到全球各大领域知名企业的广泛认同，为产品服务、市场竞争力和经济效益的提升，起到了十分重要的作用。

铸就品质

精细化，从字面理解，就是精益求精、严谨细致，对生产、技术和服务等不断完善的过程。精细化思想古已有之，老子说过："天下难事，必作于易；天下大事，必作于细。"意思是，要想成就一番事业，必须从简单的事情做起，从细微之处入手。

现代意义上的精细化理念，起源于欧美发达国家，最早的理论总结出自美国学者，盛行于日本，至今已有100多年的历史，经历了一个实践深化、内涵提升和范围拓展的过程。

精工细作，是一种早期朴素的精细化管理观念，无论是个人的手工作坊，还是国家的专门生产机构，这种模式普遍存在。比如在中国秦代，建立了从中央到地方的系统性技术与产品质量管理机构，进行分工负责。以"少府"为例，工师为手工业作坊的负责人，集技术和管理于一身，并传授技艺，监督工匠操作，把关产品质量。秦国造出的箭头，对精细化要求极高，出土数以万计的箭头，其个体间的误差，仅为零点几毫米，这在2000多年前，堪称世界顶尖的精细化管理水平。

西方工业革命初期，亚当·斯密就提出了劳动分工理论，为资本主义大生产和企业规模扩大化提供了初步的理论指导。此后资本主义经济飞速发展，受制于企业管理模式的落后，劳动生产率的提高远远跟不上当时科学技术的成就及国内外经济条件所提供的可能性。这种情况引起各国涉足于企业管理又掌握科学技术知识的管理人员的注意，比如法国管理理论学家亨利·法约尔（Henri Fayol），从企业负责人的角度创立了一般管理理论，指出要提高整个企业的管理水平。德国古典管理学家马克思·韦伯（Max Weber）则提出通过合理的组织结构设

计和安排，保证企业运营的精确性、稳定性和纪律性。美国的
弗雷德里克·泰勒（Frederick Wislow Taylor）是这一领域的
集大成者。他在 1911 年发表《科学管理原理》，首次完整地
提出"科学管理"概念，主张将管理职能从企业生产职能中独
立出来，提出对工人每个操作动作进行科学研究，确定合理操
作方法，并对员工进行技能培训，从而提高劳动生产率。泰勒
率先突破管理研究的经验途径，被后人誉为科学管理之父，精
细化管理的先驱。随着企业经营实践的发展，精细化管理经
历从朴素遵循，归纳成概念，到最终形成管理理念转变，并
对经营管理实践带来转变，推动管理方法和理论不断丰富和
完善。

图 2.3　波音飞机生产车间井然有序，管理严格，是精
细化管理造就百年企业的成功典范

　　精细化管理通过实施"流程规范化、工作标准化、管理制度化、员工职业化"等手段，提高劳动效率。成立于 1916 年的美国波音飞机公司，至今已逾百年，成为世界上最大的民用和军用飞机制造商。行业的特殊性，使得波音公司自始至终高度重视细节，不断完善生产和质量管理流程，严格执行业务制度。美国质量管理学家戴明（Edwards Deming）倡导的全面质量管理体系的各项要点，正是波音公司屹立百年的管理学基础，也是精细化管理在生产实践中的成功典范。20 世纪 50 年代之后，日本企业采用"全面质量管理""精益生产模式"等基于精细化管理理念的生产模式，造就了如丰田、松下、资生堂、朝日啤酒等一批全球知名企业，并取得巨大的成功。

　　精细化管理在生产制造业得到成功应用，推动世界工业经济迅速发展。20 世纪 60 年代，全球产业结构呈现出"工业经济"向"服务经济"转型的趋势。与之对应，精细化管理的应用领域也从生产过程向企业管理的方向发展，进而升华为企业战略管理理念。企业在努力提升生产效率和产品质量的同时，开始更加注重产品设计的创意化、客户服务的个性化、业务流程的标准化和决策分析的定量化，逐步进入现代精细化管理阶段。全球 500 强企业及中国一些高精尖领域的崛起和强大，均得益于精细化管理理念的贯彻和实践。比如中国的载人航天事

图2.4　神舟十号和天宫一号成功对接的伟大成就源自
科技人员的超精细管理

92

业，近年来取得了一系列举世瞩目的成就，这是全球极少数国家掌握的尖端技术，具有规模庞大、系统复杂，以及对质量与可靠性要求极高等特点，堪称国之利器、国之重器，更可谓国之"精"器。中国航天工业和科研单位，为保障载人航天工程任务成功，高度重视质量文化，在质量管理体系、过程质量控制、质量基础保障能力等方面实施高度精细和量化的管理，以100%精细、100%完成、100%到位，零失误、零缺陷、零重复为原则开展各项工作。因为载人航天工程差之毫厘，失之千里，哪怕1%甚至0.01%的差错，都会导致所有的努力前功尽弃，造成100%的失败。

管理特征

精细化管理是项系统工程，涉及执行计划、过程控制、目标管理、结果导向、总结改善等诸多层面，围绕"精细"二字，在战略目标分解、细化、落实的过程中，呈现出显著的特征：

1. 改进技术与方法

随着科学管理模式的推广应用，生产效率得到成倍提高；现代化流水生产线的运用，生产效率得到几十倍、上百倍提高。如现代大型电商企业，纷纷对物流仓库进行精细化管理，以提高物流效率。甚至已经有企业采用"作业无人化""运营数字化"和"决策智能化"的模式，利用综合科技手段，实施物流仓库智慧化运行。在电商促销旺季，海量的包裹通过精密的运行模式进行分拣、打包和配送安排，甚至最快仅需要几十分钟就能将商品送到客户手中，相较以往物流业粗放式的人工运行模式，效率提升了 10 倍以上。再如，今天在机场已经广泛获得使用的自助取票机，在乘客取票之时，不仅仅是取票这一单一环节，在输入相关信息后，机器还会不断提示乘客是否需要更换座位、舱室，是否有行李需要托运，有几件需要托运，是否需要使用贵宾休息室等等一系列问题。看似繁琐，实际达到远胜人工取票的高效率，其中要义便在于精细化的程序设置。通过精细分工、细致执行和团队协作等手段，精细化管理推动经营管理实现质的飞跃。

2. 提升品牌与服务

瑞士制造业占全球的比重并不大，但高精尖领域表现突出。手表制造业是瑞士经济的传统支柱，品质在全球享有盛誉。瑞士手表走时精确，工艺复杂，令人叹为观止。这个国家汇聚着世界上最好的钟表技师，拥有世界上最好的制表技术和顶尖的品牌。瑞士国土面积很小，资源有限，瑞士人凭借精细化管理的理念，把有限的资源无限地利用，最终将瑞士手表打造成最具竞争力的品牌和名片。从金融业看，20世纪30年代的上海，已是中国和远东金融中心，行业竞争空前激烈。许多银行在业务种类趋同的背景下，开始探索以精细化管理来拓展品牌的新渠道。在服务方面注重细节，对员工的衣着、发型、站姿、坐姿等作出详尽规定，员工在操作业务时的轻重缓急，对待客户的用词和语气皆有章可循。在业务种类上细分市场，开发有针对性的服务品种和项目，百花齐放，进一步丰富了上海作为金融中心的内涵。精细化管理提升客户的满意度，塑造企业独特的品牌，为企业发展注入生机与活力。

3. 创造个性与特色

消费者的忠诚度绝非源于简单的价格对比。只要在消费者心目中根植下 1% 差异化感觉，或许就能获得 100% 的消费认可。造就 1% 的差异，成为现代管理的一个重要课题，甚至有的企业提出要用 99% 的资源，来打造这 1% 的差异。

德国保时捷汽车公司，是世界上最大的特种汽车制造商，德国著名的跑车生产企业。保时捷在国际汽车生产企业当中经济效益最高。在汽车制造业内，不同厂商对产品线各有侧重，而保时捷有意避开生产通用领域的车辆，单独选择了跑车作为主产品。公司形成了独特的产品定位，独特的客户定位，独特的价格定位，与竞争对手相比有很大差异。营销、制造和物流也跟对手不一样，比如一切有利于跑车"狂飙驰骋"的元素，在保时捷车上就会得到淋漓尽致的应用，作为跑车"心脏"的发动机，公司就不惜工本地投入研发。一系列差异化经营的模式，使竞争对手难以模仿，而品牌之下日益聚集了全球的保时捷跑车高端"铁杆粉丝"，为公司带来源源不断的利润。

"海底捞"是一家全球知名的餐饮企业，之所以能大获成功，凭借的是对于细节之处的精准把握。相比同类型的餐饮企业，它并没有得天独厚的优势，也没有开辟一条崭新的道路。

只是多一块擦拭手机屏幕的纸巾，多一块供等位顾客休闲的场所，多一些对顾客呼唤的回应，便令其杀出红海，成功打造火锅餐饮的金字招牌。可见对于广大服务业而言，精确地捕捉客户需求，打造属于自身的独特之处，将决定一个企业的成败。

纵观社会经济发展，人们无不感受到精细管理带来的巨大变化。精细管理，打造百年老店，塑造知名品牌，推动社会文明快速发展。

高效配置

在经营管理的过程中，将有限的资源进行合理而有效的配置，是决定成败的重要因素。精细化理念运用于资源配置之中，会大大提升企业的经济效益。

1. 分工合作

精细造就合理分工。互联网＋时代，企业的范畴不再局限，互联网搭建了一个广阔的平台，产生了过去难以想像的新型企业。一大批个人自媒体如雨后春笋般出现在世人的面前。他们的粉丝数量一般以百万计，甚者可达到千万级别。通过不同行业、兴趣点以及对粉丝的针对性吸引力，使他们拥有稳定的高质量受众群体。自媒体时代，互联网平台能轻而易举地完成过去传统广告、营销行业需要花费大量人力、物力才能达成的效果，因而具备了极高的经济价值。这些自媒体的背后都拥有完整团队，任何一条信息在发布前，都经历大量的选题讨论、搜集资料、选择场景、确定内容等具体环节。每一个步骤都有专人进行负责，每一条热门自媒体信息的诞生都是团队合作、精细化分工的产物。

2. 借力互补

精细创造依托机会。2010 年上海世博会是一场经济、科技、文化的盛会，不仅向全球展现中国自改革开放以来各领域的跨越式发展，更为中国经济的持续发展提供了一个千载难逢的机会。如何在举办世博会的基础上进行可持续发展，是世界范围内经久不衰的一个论题。

自 1851 年第一届伦敦世博会以来，它的理念不断发生着变化。最初的世博会展现了工业革命为人类生活所带来的翻天覆地的变化，也凸显了全球经济和科技随之飞速发展的景象。然而随着时光推移，工业革命的后遗症逐渐显现，人类对自然界的破坏，生态环境的逐步恶化是无法避免的顽疾。

世博会作为一场各国向全世界展现自身的盛会，其主题随时代演变，逐渐向关注人类与自然的和谐发展而过渡。因此，上海世博会的主题也就定为"城市，让生活更美好"。

在这样一个口号之下，上海世博会在筹备之初，便秉承了人与自然和谐相处，可持续发展的理念。对于一场需要大兴土木的盛会来说，事前规划各个场馆，乃至整片世博园区的后续功能可谓重中之重，而此次上海世博会得益于事前倍加精细的长期规划，各主要场馆在闭幕之后仍然发挥着各自不同的功能，如中国馆转变为中华艺术宫，继承上海美术馆的衣钵，已成为上海又一顶尖人文地标；世博主题馆变为世博展览中心，是浦东新区继新国际博览中心之外的又一综合会展场所；世博文化中心更名为梅赛德斯-奔驰文化中心，如今已成为大型文化活动的首选场地。世博园区更化身为高新企业园区，一系列大型企业登陆园区，令世博会遗留下的建筑群各得其所。城市功能在充分利用场馆资源的基础上获益匪浅。

不仅如此，世博会的"动脉"——世博轴同样持续发挥余热，在其上构建的世博源综合商圈，正逐步成为上海市民又一个休闲娱乐的绝佳选择，大量商户同样享受到世博会留下的红利，借助地缘优势，拓展商机。短短六个月的上海世博会只是一个良好的开端，凭借精准到每一个场馆的规划，令其丰富的遗留资源得到最佳的事后配置。

图 2.5　上海世博会不仅提升了城市形象和国际地位，
而且对城市内涵、经济发展起到极大的推动作用

99

　　从狭义上说，世博会园区本身就走在可持续发展的正确路径之上；从广义上说，上海世博会的成功举办不仅令上海吸引了全球的眼光，同时它所带来的长期效应也不可小视。作为曾经的远东金融中心，上海在近百年前有着旁人艳羡的国际化程度，随着世博会的盛大召开，越来越多的海外企业以及海外人才将目光聚焦上海，甚至为这颗海上明珠所深深吸引，继而扎根沪上。

　　对于上海市民来说，世博会也犹如一场自净行动，令整个城市焕然一新，曾经的城市盲点、难点得到最大程度的清理。

　　显然，世博会带来的效应仍在继续，上海这座城市似乎天生与世博会相辅相成，它享受着盛会带来的美名，也为世博会增添了一页闪亮的篇章。

3. 共赢发展

现代企业发展初期，竞争是主旋律，只有在竞争中脱颖而出，才能获取更大的市场份额，获得更大的利润。随着经济全球化程度的日益提升，现代企业之间的关系早已跨过以竞争获取市场的阶段。相互合作是现代企业更好的选择。

合作是个体、群体之间为了达到各自的目的而采取的一种联合行动的方式。为了达到各自希望的目标，没有不可能的合作。合作是一种相互间的需要，并不是由于对自身力量或实力缺乏自信，这种彼此间的需要，可以是长久的，也可以是暂时的。合作一旦确定下来，参与其中的个体或群体不再具有独立性，其意志以组织的形式进行表达和传递，并共同承担合作风险和分享合作成果。

共赢是合作所要达到的一个重要的目标指向。在社会生产力迅速发展的情况下，各种利益盘根错节，有效信息转瞬即逝，一味的竞争不利于各自的利益发展，各方都会在竞争过程中损失大量的利益。反之，相互合作既可以避免利益总量的消耗，也可以最大限度减少合作参与者的利益损失，实现共赢。合作

100

与共赢是现代企业寻求利益最大化的一体两面，合作是手段，共赢是目的，合作与共赢共同蕴含于现代企业成果共享的蓝图之中。

1962 年，全球最大的日化用品制造商宝洁被沃尔玛选为供应商，双方开始合作，但双方仅仅是纯粹的买卖关系，各自以自身利益最大化为目标，导致不愉快乃至冲突不断发生。沃尔玛采用的是强势的价格策略，竭尽所能压低进货价格。而宝洁则凭借强大的营销实力，企图严格控制下游的经销商和零售商。沃尔玛和宝洁各自长期拥有的优越感造成了双方的交流障碍和关系恶化，长期的冷战导致双方关系和利益在交战中都受到了重创。

1987 年，宝洁公司副总经理卢·普里切特（Lou Pritchett）决定改变双方尴尬的境地，于是通过朋友的关系以旅游的形式与沃尔玛的老板萨姆·沃尔顿（Sam Walton）进行会晤。双方在彼此心存好感的基础上基本达成了意向性的合作框架，形成了一致的企业未来发展的设想，并明确了下一步双方管理人员进行具体磋商的方案。这次会晤为宝洁和沃尔玛缓解旧的恶劣关系，开创新的合作关系揭开了序幕。

自此，双方组成由财务、流通、生产和其他各职能部门约 70 人的专门合作团队，沃尔玛公司借助先进的信息技术实行信息共享，对整个业务活动进行全方位的协作管理。沃尔玛与宝洁公司的第一次深入合作，对双方都产生了显著的绩效。宝洁公司在美国市场销售中的 11% 都是通过沃尔玛实现的。这次合作的巨大成功为沃尔玛和宝洁全面控制成本、推进深层合作打下了良好的基础。

20 世纪 80 年代后，沃尔玛开始全面改善与供应商的关系，并凭借先进的管理和技术，帮助供应商降低成本并提高质量，实现了真正的合作共赢。沃尔玛的销售额从 1987 年初的 160 亿美元提高到 1992 年的 438 亿美元，利润从 6.28 亿美元增加到将近 20 亿美元。1993 年成为美国第一大零售商。

沃尔玛与宝洁的例子充分说明了合作在现代企业关系中的重要地位，作为蒸蒸日上的零售巨头，沃尔玛在其发展过程中需要权衡与供应商的关系。实际上除了日化用品的供应商宝洁之外，沃尔玛同许多其他类别的供应商都经历了从最初的相互忌惮，双方都想获取最大的利益，导致关系不顺、两败俱伤，进而发展到相互合作，从根本上协作共赢，追求共同的利益，最终互惠互利。随着沃尔玛公司在全球范围内的零售业务大幅领先，令它的供应商们也都成为具有全球影响力的企业。

企业与企业之间只有竞争没有合作只会导致两败俱伤，若相互合作、互惠互利则能成就共赢。任何一个企业，其自身资源都是有限的，无论是市场、资质、人才、资金、物资，还是经营能力、技术水平等等。通过合作，可以加快企业及行业间的沟通交流，及时捕捉各种信息，进一步开阔视野，进而利用外脑谋篇布局、转型升级、改革发展；可以借助他人的品牌及社会资源不断扩大市场，发展新兴产业，健全市场梯次；可以借助合作方的人、财、物等优势不断提升自身的技术水平和经营能力，以及风险防御和可持续发展能力。因此，面对激烈的市场竞争，企业要实现持续健康发展，就应在内部集中优势、整合资源的基础上，努力寻求、联合外部力量，实现借船出海，借力发展。现代竞争，不再是"你死我活"，而是更高层次的竞争与合作，现代企业追求的不再是"单赢"，而是"双赢"或"多赢"。合作共赢是企业资源整合能力和资本运作能力的具体体现，是驱动企业健康稳定持续发展的重要引擎。

文化筑伟业

传统炼精神

　　传统，即世代相传，广义上包括历史沿传下来的思想、文化、道德、传统、艺术、制度以及行为方式等，进而对人们的社会行为产生无形的影响和控制作用。传统是历史发展继承性的表现。大到国家社会，小到家庭个人，"传统"的影响力不容小视。放眼现代企业，尤其是那些历史比较悠久的"老店"，其传统则更为根深蒂固，在企业经营管理中的影响力，也更为举足轻重。

　　企业传统是指企业长期相沿和约定俗成的典礼、仪式、行为习惯、节日、活动等，企业传统与一般制度、特殊制度不同，它不表现为确定的文字条目，也不需要强制执行，它完全靠习惯、偏好来维持。它由精神层面所主导，又反作用于精神层面。

企业传统可自然形成，也可人为开发，一种活动、习俗一旦为全体员工所接受并沿袭下来，就成为一种企业传统。企业传统的形成绝非一朝一夕，它是在企业发展过程中，经过不断培育、引导和改造而成的。

一是循序渐进。在根据精心设计出的目标模式培育企业传统的过程中，可以通过各种渠道对企业传统的形成产生外加的巨大牵引和推动作用，但这种作用必须是在尊重企业传统形成的内在规律的前提下发挥，倘若揠苗助长，必然"欲速则不达"，甚至会给企业造成不必要的损失。

二是把握方向。企业传统的形成需要一个较长的过程，需要时间的积累，而在这个发育形成的过程中，企业传统不断受到来自企业内外各种积极的和消极的因素影响。这一特点决定了企业应该在传统的形成过程中加强监督和引导，使之沿着企业所预期的目标方向发展。

三是间接引导。企业传统的形成，主要靠员工的习惯偏好等维持，因此企业管理者和管理部门在培育企业传统的过程中要发挥非正式组织的作用，宜宏观调控而非直接干预。

四是保持适度。企业传统固然对塑造企业形象和改变员工思想、观念、行为、习惯具有很积极的作用，但并不意味着企业传统可以代替企业的规范管理和制度建设，更不是越多越好，

105

必须把握好一个"度"。如果企业传统太多太滥，反而会使员工把注意力集中到企业传统的外在形式上，以致忽视和冲淡了企业传统深层次内涵的影响。

良好的企业传统，有助于员工管理、企业发展，从中提炼出企业精神，升华为企业文化。

引导作用。良好的企业传统是企业理念的重要载体。在传统习惯营造的氛围中，参加丰富多彩的传统活动，员工可以加深对企业理念的理解和认同，并自觉按照企业的预期努力工作。

凝聚作用。企业传统是员工群体意识的反映，共同的观念意识是企业凝聚力的来源之一。设计和构建企业传统，对增强员工归属感、向心力和凝聚力，有着重要的现实意义。

约束作用。企业传统鼓励相适应的行为习惯，排斥和抵制不相适应的行为。在企业传统的外在形式背后，深层次的内在力量是员工的群体意识和共同价值观，对员工的思想、意识、观念具有超越企业传统外在形式的巨大影响。

辐射作用。企业传统虽然只是企业内部的行为识别活动，但却常常通过各种传播媒介传播出去，其外在形式与内在观念意识，也会对其他企业和社会组织产生或多或少的影响。这种影响就是企业传统辐射作用的直接反映。认清企业传统的性质与作用，将有助于正确地进行企业传统的设计和培养。

企业传统并非一成不变，当管理者感受到企业传统的存在，认识到它的作用时，企业的传统已基本形成。业已存在的企业传统往往有优劣高下之分，每一项企业传统都有积极面和消极面之分；同时，由于企业传统是企业在长期发展过程中自发形成的，其中每一项传统必有其萌芽和发展形成的主客观条件，当企业内外环境不断变化时，企业传统也会随之出现从内容到形式的部分不适应。因此，有必要主动进行企业传统的改造，促进企业文化的建设。

培育企业传统，要"扬"和"弃"相结合。传承优秀的传统文化，弘扬丰富的精神内涵；淘汰陈旧的思想观念，改造落后的生产技术，前提是对企业传统进行科学、全面的分析。缺乏分析的改造，是盲目外加的主观意志，不但难以促使不良传统向优良传统转变，企业传统的消极因素向积极因素转化，而且可能适得其反。对现有企业传统的分析，应结合企业传统形成的历史，正确地把握企业传统的发展趋势和未来走向；结合企业发展需要，不仅考虑企业的现实需要，还要结合企业的长远规划；结合社会环境，从宏观高度来考察，认识企业传统的社会价值和积极的社会效用。

精神塑文化

企业文化，或称组织文化（corporate culture 或 organizational culture），是一个组织由价值观、信念、仪式、符号、处事方式等组成的特有的文化形象，具体而言，就是企业在日常运行中所表现出的各个方面，包括文化观念、价值观念、企业精神、道德规范、行为准则、历史传统、企业制度、文化环境、企业产品等。我们通常将企业文化形容为企业的灵魂，是推动企业发展的不竭动力。企业文化的核心是企业的精神和价值观。这里的价值观不是泛指企业管理中的各种文化现象，而是企业或企业中的员工在从事经营活动中所秉持的价值观念。它是企业管理的更高境界，也是效率和利润的新来源。

企业成长的初级阶段，考虑的无外乎每天的利润和争取更多的客户。当企业发展至一定程度，占据了充分的市场份额，拥有一定的社会影响力之后，自然而然会产生对文化的需求，这是现代企业发展的必经之路。一家企业就像一个人，解决了温饱的问题，就会开始考虑丰富精神层面的事物。著名心理学家马斯洛的理论也证明了这一点。亚伯拉罕·马斯洛（Abraham Harold Maslow），美国社会心理学家、人格理论家和比较心理学家，人本主义心理学的主要发起者和理论家，第三代心理学的开创者，提出了融合精神分析心理学和行为主义心理学的人本主义心理学。马斯洛出生于犹太移民家庭，在进入大学学习心理学之后，开始通过研究行为主义，来解释高级动物的许多社会行为。在不断研究的过程中，他发现许多人类的做法，无法通过行为主义进行解释，同时受一些哲学和心理学学派的影响，于1954年首次提出人本主义心理学的概念。马斯洛所推动和发展的人本主义心理学，是在批判精神分析和行为主义的基础上建立起来的。他反对心理学研究中把人当作动物和机器，盲目照搬机械主义心理学方法，倡导以"问题为中心"而不是以"方法为中心"。他以"整体动力论"消除还原主义的弊端，消解科学与价值的矛盾，使心理学成为"价值科学"。他提倡性善论和对健康人格的研究，重视人的潜能、自由、责任和尊严，强调人性与社会价值的统一。他建立起以人为中心的"人本主义"心理学方法论。

　　马斯洛在1954年出版的《动机与人格》一书中，提出了需求层次理论。马斯洛在该书中，将人做事情的"动机"，视为由多种不同性质的需求所组成，因而称为需求层次论（need-hierarchy theory），并逐渐概括为生理需求（physiological needs）、安全需求（safety needs）、隶属与爱的需求（belongingness and love needs）、尊重需求（esteem needs）、自我实现需求（self-

图 2.6 亚伯拉罕·马斯洛，美国社会心理学家，他提出的需求理论对现代企业管理有着广泛的启发和指导作用

110

actualization needs）五个层次的需求。马斯洛认为，五层需求可分为两大类，较低的前三层称为基本需求（basic needs），较高的后二层称为成长需求（growth needs），各层需求之间不但有高低之分，而且有前后顺序之别，只有低一层需求获得满足之后，高一层的需求才会产生。当个人满足其高层次需求之后，个人愈可能接近自我实现的目标，也即是完成了自我实现。他的理论一定程度上反映了人类行为和心理活动的共同规律，即从人的需要出发探索人的动机和研究人的行为，抓住了问题的关键。马斯洛指出人的需要是由低级向高级不断发展，这一趋势符合人类的需要发展规律。

需求层次理论对企业管理者有效地调动人的积极性有十分重要的启发作用。当企业发展到一定阶段，除了生存和发展之外，需要满足日益增长的精神和文化需求。

马斯洛需求层次理论

生理需求（physiological needs）：也称级别最低、最具优势的需求，如食物、水、空气、性欲、健康。

未满足生理需求的特征：什么都不想，只想让自己活下去，思考能力、道德观明显变得脆弱。例如，当一个人在食物极缺的状态下，其他需求都暂时变得不重要。在战乱中的人，安全是第一位的，此时很少会顾及其他的享乐需求。假设人首先为报酬而工作，此时可以生理需求的改善来激励下属。

激励措施：增加工资，改善劳动条件，给予更多的业余时间和工间休息，提高福利待遇等。

安全需求（safety needs）：同样属于低级别的需求，其中包括对人身安全、生活稳定以及免遭痛苦、威胁或疾病等。

缺乏安全感的特征：感到自己受到身边事物的威胁，觉得这世界是不公平或是危险的。认为一切事物都是危险的，由此变得紧张、彷徨不安，认为一切事物都是"恶"的。例如，一个孩子，在学校因被同学欺负，或受到老师不公平的对待，而开始变得不相信这个社会，他不敢表现自己，不敢拥有正当的社交生活（因为他认为社交是危险的），借此来保护自身安全。又如，一个成人，会因为工作不顺利，薪水微薄，养不起家人，而变得自暴自弃，他每天只能用喝酒、吸烟来寻找短暂的安逸感。

激励措施：强调规章制度、职业保障、福利待遇，并改善员工的工作环境，提供医疗保险、失业保险和退休福利，避免员工受到双重指令的困扰。

隶属与爱的需求（love and belonging needs）：属于较高层次的需求，如对友谊、爱情以及隶属关系的需求，也称为社交需求。

缺乏社交需求的特征：因为没有感受到身边人的关怀，而认为自己活在这个世界上没有价值。例如，一个没有受到父母关怀的青少年，很容易认为自己在家庭中不受重视，在社会中没有价值，由此造成学习上缺少目标，生活中缺少正确的思想观。

激励措施：提供同事间社交往来的机会，支持与赞许员工寻找并建立和谐温馨的人际关系，多开展有组织的活动，如体育比赛、集体聚会等。

尊重需求（esteem needs）：属于较高层次的需求，如成就、声誉、地位和晋升机会等。尊重需求既包括自身对成就或自我价值的个人感受，也包括他人对自己的认可与尊重。

无法满足尊重需求的特征：变得很爱面子，或是很积极地用行动来让别人认同自己，也很容易被虚荣所吸引。例如，利用暴力来证明自己的强悍，拼命读书只是为了让自己成为医生、律师来证明自己在社会上的存在和价值；又如富豪为了自己的名利而赚钱，或是捐款等。

激励措施：公开奖励和表扬，强调工作任务的艰巨性以及成功所需要的高超技巧，颁发荣誉奖章，或在公司内部刊物发文表彰，或设立优秀员工光荣榜等。

113

自我实现需求（self-actualization needs）：这是最高层次的需求，包括对真善美至高人生境界获得的需求。在前面四项需求基本都能满足时，最高层次的需求方能相继产生。它是一种衍生性需求，如自我实现、发挥潜能等。

缺乏自我实现需求的特征：觉得自己的生活被空虚感推动着，要自己去做一些身为一个"人"应该在这世上做的事，极需要有一些让他能更充实自己的事物，尤其是让一个人深刻体验到自己没有白活在这世界上的事物。也开始认为，价值观、道德观胜过金钱、爱人、尊重和社会的偏见。例如，一个真心为了帮助他人而捐款的人；一位武术家把自己的体能练到极致，为的是让自己成为世界一流或单纯只为了超越自己。又如，一位企业家真心认为自己所经营的事业能为这社会带来价值，不是为了赚取更多利润而工作。

激励措施：工作中多运用复杂情况下的适应策略，给有特长的人委派特别任务，在设计工作和执行计划时为下级留有余地。

（资料来源：马斯洛：《动机与人格》，1954年）

114

企业文化以人为本，最本质的内容就是人的理想、道德、价值观、行为规范在企业管理中的核心作用，强调在企业管理中要理解人，尊重人，关心人。注重人的全面发展，用愿景鼓舞人，用精神凝聚人，用机制激励人，用环境培育人。企业管理理论和企业文化管理理论都追求效益。但前者为追求效益而把人当作客体，后者为追求效益把文化概念自觉应用于企业，把具有丰富创造性的人作为管理理论的中心。这种指导思想反映到企业管理中，就有了被称为企业文化的种种经营理念。

20世纪80年代以后，企业文化才开始为中国的理论界和企业界关注并逐渐升温，也正是在这个时期，中国企业开始真正从计划经济走向市场经济。

海尔公司目前已成为全球领先的白色家电制造商，它以价廉物美、不断创新的特点为全球用户所认可。1984 年时，海尔还是一家濒临倒闭的集体工厂。张瑞敏临危受命，接任当时已经资不抵债、濒临倒闭的青岛电冰箱总厂厂长。接手初期，他发现海尔缺乏的不是熟练的工人或者成熟的技术，而是仍停留在国营企业阶段，人人只做分内事，缺少共同使命和协同努力的工作氛围。为了改变这种现状，张瑞敏顺应时代潮流，明确提出了海尔的企业文化。

1. 海尔文化是人的文化

海尔认为，企业文化核心是人的问题，企业能否长久保持生机和活力的关键在人，需让员工成为创业的主体。在海尔，文化不是一种工具，而是一种精神。一般企业是通过具体方法让员工认同企业文化，海尔则提倡员工参与到企业文化建设中来，让员工从被动方变为主动参与方。

2. 海尔文化是应变文化

海尔文化本身是一种应变的文化，就是一整套随着时代发

115

展与企业自身发展相适应的观念体系。海尔的文化价值观是随着时代的变化不断演变的。张瑞敏曾说过，没有成功的企业，只有时代的企业。海尔的价值观也体现了这一点。以海尔的创新文化为例，它在每个时期都有不同的内涵，早期海尔的创新是为了克服困难解决问题，如今海尔提出开放式创新，所有人都可以参与进来，形成一个生态系统。

海尔的企业文化作为企业的根本支撑，为海尔之后30年的飞速发展提供了无穷养分。海尔认为，文化要始终和企业的战略、组织变革、经营管理实践、时代变化节拍紧紧扣在一起。对海尔而言，企业文化不是符号性的东西，而是运用一整套不断变化的观念体系来为企业服务。所以，海尔给企业文化的定位就是集团战略的推动器。海尔企业文化的精华就在于把凝聚力和竞争观念统一起来，并运用到企业经营实践中去，从而为企业发展带来了巨大的推动力。

海尔是中国现代企业倡导先进企业文化中的先行者。企业文化的重要意义在更早之前就为全球企业所关注和重视。历经百年而长盛不衰的企业都具有一个共同的特征，就是树立了超越利润的社会目标，不以利润为唯一追求目标。随着企业竞争的加剧、产品生命周期的缩短和全球经济一体化，企业的成功不再仅仅依靠暂时或偶然的产品开发和某些所谓灵机一动的市场战略，而是取决于企业所拥有的独特竞争优势的外化，这是一种有别于其他竞争对手的知识体系，是公司在发展历程中逐渐形成和发展起来的一种知识、技能与资产互动的体系。

文化造基业

如果把企业比喻成一棵树，那么战略是干，战术是枝，品牌是叶，利润是果，文化就是根，根深方可叶茂。企业从一株幼苗长成参天大树，关键在于企业文化的根扎得深不深，只有不断汲取营养，才能茁壮成长。作为企业发展看不见的推手，企业文化是推动和促进企业持续稳定发展的决定性因素，是企业发展的核心竞争力。

公元 1500 年以来，英国、法国、德国、日本、俄罗斯、美国等世界主要大国的发展史都有着相似的"成长秘密"：思想文化影响力、体制创新、学习与赶超、科技创新能力等。国家崛起，文化先行。文化决定体制，体制决定活力，活力产生竞争力，竞争力创造财富，这就是文化创造财富的秘籍。

北京同仁堂是中药行业著名的老字号。创建于 1669 年（清康熙八年），自 1723 年开始供奉御药，历经八代皇帝 188 年。

在 300 多年的风雨历程中，同仁堂人树立了"修合无人见，存心有天知"的自律意识，造就了制药过程中兢兢业业、精益求精的严细精神，其产品以"配方独特、选料上乘、工艺精湛、疗效显著"而享誉海内外，产品行销 40 多个国家和地区。

同仁堂之所以能够成为一家历经数百年仍位居行业领先地位的企业，这与其对企业文化的重视密不可分。中华人民共和国成立后，为顺应经营环境和市场形势的变化，同仁堂确定"同修仁德，济世养生"作为企业精神，"以义为上，义利共生"作为经营哲学，"同心同德，仁术仁风"作为管理信念。同仁堂为使企业文化得到延续和发展，在传承与发展过程中，将其具体为一系列的规章制度，让员工在做事有章可循的同时，可以提出自己的意见和建议，使企业规章制度更加完善，从而保证企业内部的一致性和协调性。企业员工长期遵守规章制度，久而久之，这些规章制度潜移默化在每个员工心中，进而形成企业的价值观和行为理念。一个企业的文化得到传承和发展，能够促使企业的员工更加忠诚于自己的企业。

优秀的企业文化可以承担指导公司运营方向的角色，在企业销售业绩的持续增长上，也能起到促进的作用。北京同仁堂的经营理念是"诚信为本，药德为魂"，以病人为中心，奉行"以义取利，义利共生"的行为理念，它构成了"德、诚、信"

思想和同仁堂企业文化的完整性。在 300 年的经营过程中，同仁堂始终以这样的理念，赢得了广大消费者的信赖。北京同仁堂运营的不仅是其产品，也是其文化。

根据外部环境的变化，采取有针对性的销售策略，同时不忘传递中华文化的使命。例如，在马来西亚的分公司，北京同仁堂就规定，客户在购买产品时同时赠送《大宅门》《大清药王》等影视作品 DVD，在促进销售的同时，还传播了中医文化、弘扬了中华文化。同仁堂曾经做过一个调查，在问及"你认为北京同仁堂可以持久发展的最重要原因是什么"时，约有 91% 的人选择"长久以来坚持承诺，以优质产品和优良性能作为公司的理念"。正是因为坚持以"产品至上""用户第一"为准绳

图 2.7　企业文化犹如企业发展的根基，为企业的发展提供充沛的养分

来严格要求自己，才会持续营造一种连锁反应，形成良性循环，令同仁堂的优良口碑源源流传，延续至今。北京同仁堂所拥有的文化智慧是历史积淀，正是传承至今的文化传统令同仁堂持续发展 300 年而不倒。

企业文化是全体员工认同的核心价值观念，它规定了人们的基本思维和行为模式。现代企业越来越重视培育自身的文化，为企业发展提供源源不断的"生命力"。"一年企业靠运气，十年企业靠经营，百年企业靠文化"的理念，将在现代企业实践中得到进一步验证。

第三章

人事为本

经营管理的核心是发挥人的效能。人力资源的开发和配置处于中心环节，必须应用现代化的科学方法培养人、选拔人、使用人，使企业发展人尽其才、事得其人、人事相宜。只要选好人、用好人，就解决了企业发展的根本性问题。

经营惟人贵

人事为本，天道为末，不其然也。

员工强企业兴，人才聚企业旺。企业是员工发挥作用的舞台，人才是企业发展的核心资源。员工在生产经营过程中处于主体地位，员工聪明才智的开发，事关企业健康、持续和协调发展。

以人为本的经营思想，把人作为管理的主要对象，以高素质的员工为中心，把员工的自我价值实现与企业发展目标相融合，把管理制度的强制性与员工的自觉性遵守执行相统一，充分发挥员工在企业发展中的无穷潜力。

持续激发员工的潜在正能量，
企业创新发展就有可靠的支撑

做事重在人

企业经营法则告诉我们，要管理好一个企业，必须处理好个性与共性的关系。无论国有企业、民营企业等各种经济成分，解决问题的方法和所要达到的目标万变不离其宗。发展是企业生存的前提，控制风险是稳健经营的基础，员工是经营发展的核心资本。只有认清本源，顺势而为，统筹兼顾，把控发展脉络的门道，才能实现协调发展、可持续发展。

永恒的经营主题

企业经营活动是一个配置资源的过程。在众多资源中，人是资产负债表上看不到的最重要资源，是经营发展的核心资本。

1. 企业经营是人力资本和经营资本的融合效应

对于企业的经营管理来说，价值的创造，归根结底是通过经营资本与人力资本的有机结合来实现的。经营资本，是指企业存在所必需的生产资料，如资金、机器、设备、厂房等，这是企业存在的物质基础。人力资本则是体现在人身上的资本，它表现为蕴含于人的各种生产知识、劳动与管理技能和健康素质的总和。

在传统的产业经济中，经营资本一度占据主导地位，随着现代企业制度的发展，专业化分工程度的深化，经营资本越来越趋于同质化，而人力资本的差异性则发挥了更为显著的作用。

对于现代企业而言，经营资本总体上具有不可替代性，它是企业经营的物质基础和条件，其他资本都必须借助经营资本进行运作。但是经营资本具有边际报酬递减的属性，当企业发展到一定高度，此时更多经营资本的投入未必能够带来同比例的经营效益的增加。而人力资本则表现出了较强的边际报酬递增趋势，也就是说，人力资本的根本价值在于其边际报酬递增的生产力属性。

人力资本与经营资本是相辅相成、互相促进的。充分的经营资本，可以吸引人力资本的聚集，或是通过教育、健康等投资，积累和提升人力资本的水平。反之，提升人力资本，可以保证经营资本高效运作，促进企业发展。高技术含量的经营资本只有与高技能的劳动力相匹配，才能充分发挥其经济效益。人力资本的积累和人才素质的提高，可以大大加快新技术研发及应用的速度，给企业带来更多的经营资本，进而促进生产力发展和劳动生产率提高。

所以，人力资本和经营资本，是企业发展的"双引擎"，经营资本不可或缺，人力资本举足轻重，两者的有机融合，可以发挥 1+1 远远大于 2 的效应。

2. 人力资本具有主动、活跃、积极的特性

人是有思想、有能动性的，因而人力资本也被称作主动性资产。主动，即随着主体而动。人力资本的主体是人，所以其效能的发挥，不仅取决于外部的环境条件，更取决于人力资本载体本身，即人对外部环境条件的反应。人力资源存量的高低，跟社会平均劳动生产率的高低和劳动力的数量多少并不一定成简单的正比关系，充分调动人的积极性、创造性，便可发挥更多潜力。如果有能力的人"出工不出力"，即使拥有再多的人才，也难以发挥其价值。

人力资本是"活"的资本，高人力资本存量的企业，内

127

在创造力巨大，在发挥自身能力的同时，充分吸收和消化外来技术，从而有效改进技术、推进发展，形成企业强大的竞争力。

人力资本富有积极、动态、无限的创造力。积极性是个体意愿与整体长远目标任务相统一的动机。一旦人力资本的积极性通过一定的方式被激发，将展现出巨大的能量，并会创造各种条件去实现目标。消极的人总在为失败找借口，而积极的人一定会为成功去想办法，说的就是积极性在人力资本中的重要作用。

员工的精神状态很大程度上决定了他能够将自身潜力发挥多少。当企业中充满情绪低落、消极怠工的员工时，无论企业的战略有多高明，技术有多领先，产品有多出色，都无法发挥出应有的效应。反之，若企业的员工个个斗志昂扬，充满积极的态度，此时哪怕硬件条件落后于对手，也有可能爆发出超乎想像的战斗力。

发展的核心要素

在全球化程度日益提升的今天，人力资本的独特性已经成为企业竞争发展的核心要素，人力资本开发利用水平已经成为衡量竞争力的重要标志。

1. 使用好人才

人才，是指具有一定的专业知识或专门技能，进行创造性劳动，并对社会作出贡献的人，是人力资源中能力和素质较高的劳动者。具体到企业中，人才是那些认同公司的核心价值观，具有较好职业素养和较高岗位工作技能，能够持续地为企业创造价值的人。

人才常有，合适的人才少有。现代企业尤其是大企业都是由相当庞大的机构部门构成的，每一个岗位都需要具备独特优势的人才来发挥作用。"合适"就是人才。只有根据企业员工的独特优势，将其落子于最为合适的岗位，才能将人才的能量发挥至极限，否则，在不适合自己的岗位上，哪怕"能力"再强，也无法真正展现才能。

现代企业日益关注人力资本的重要性，尤其对经营人才、管理人才、技术人才和技能人才的需求非常迫切。

第一，人才是人力资源体系中具有较强能力和较高自我意识的群体，往往是企业突破创新的驱动者，或是市场竞争中的核心力量。

第二，人才是潜在的高回报群体，使用好人才，可以实现人力资本投入产出比的优化乃至最大化。

第三，人才具有很大的流动性，如果无法使用好人才，容易造成人才浪费或流失，给企业带来无法弥补的损失。

世界各国企业成功的秘诀对使用好人才提供了许多经验，总结以后发现，人才是等不来的，其实企业不缺人才，缺乏的是培养人才的生态环境和管理模式，缺少的是使优秀人才成长的土壤。

引凤需要先筑巢。企业是否能够吸引人才、留住人才和有效使用人才，一定程度上并不在于企业是否出手大方，而是在于能否构建一个让人才脱颖而出的机制，在于是否有一个让人才发挥作用的舞台。在具体的工作中，企业尤其要鼓励创新，因为人才是企业创新过程中最为活跃的因子，是其他创新要素无法比拟的。此外，企业还要提供适合员工发展的机会与环境，建立公平公正的选拔机制，打造有利于人才成长的职业通道，建立有效的激励机制，营造宽松适度且充满机遇的环境。只有如此，人才的潜力才能尽可能地发挥。人的外在展示能力往往只是冰山一角，大部分潜力，就像隐藏在水面下的冰山主体那么巨大，尤其是人才，这种潜力更是具备了无限的可能性。因此，企业既要通过各类教育、培训挖掘潜能，也要通过工作、压力来测试和激发人才的潜力。

很多人可能有所不知，2010 年，本田公司 50 周年新车设计提案大赛的冠军竟然是一个高中学历，刚刚年过 20 岁的毛头小伙椋本陵。他 19 岁高中毕业进入本田技术研究所，作为建模师，负责制作内饰模型。虽然学历平平，年纪轻轻，但椋本陵从小热衷于汽车，对汽车设计有着惊人的天赋。自从进入本田公司，他几乎每年都参与年度设计大赛，终于在 2010 年获得大奖，并借此成为日本有史以来最年轻的新车开发总负责人，负责小型敞篷跑车"s660"的开发。正是由于企业给人才提供了一个自由、宽松、充满机会的环境，令身怀绝技的椋本陵得以积极主动地施展才华。

对于企业来说，人才的潜力是无穷尽的，如何将其才能挖掘出来，或许才是当今中国企业更应该关注的焦点。

2. 革新于人才

精细化管理已经被证明是行之有效的现代企业经营机制，它的出现很大程度上改变了全球企业的运作和生产方式。然而精细化管理不仅仅是对企业制度、工具方法的持续改善，更是一种思维方式、行为习惯的转变，而这一切最终的落脚点依旧是人，脱开具体实施者去谈论精细化管理不可取，只有落实具体工作的员工都具备精细化思维，才能实现其真正的价值。

精细化管理著名的实践"丰田生产方式"："没有人喜欢自己只是螺丝钉，工作一成不变，只是听命行事，不知道为何而忙。"这值得所有的企业管理者细细品味。百年企业的共同点：

真正给员工思考的空间，引导出他们的智慧。员工奉献宝贵的时间给公司，如果不妥善运用他们的智慧，那才是最大的浪费。充分发挥人才的作用，方能显现效果。

日本索尼公司是跨行业的巨头企业，它的名字长久以来都是品质的代名词。在过去，中国的家庭往往会以拥有一台索尼电视机而倍感自豪，2000 年，它的市值超万亿元人民币，也是全球最优秀的电子消费品公司之一。然而伴随各种内外因的交织，加上日本自身经济状况不佳，导致索尼的发展不仅面临停滞，甚至大幅衰退，连年亏损。

壮士断腕，为时未晚。新上任的 CEO 平井一夫在甚为传统的索尼公司中可称异类。1960 年出生于日本的他，因父亲工作的缘故，从小在美国和加拿大长大，说着一口流利的英语。回到日本就读大学并于 1984 年毕业后，他进入了索尼音乐公司就职。此后他主要的工作还是在美、日两国之间来回奔波。1996

年，加入索尼娱乐公司美国分部且身居要职，十年后接掌索尼娱乐公司大权。2012 年，索尼公司正面临连续四年的亏损，时任 CEO 斯金格萌生退意。在新任 CEO 的备选者中，平井一夫是唯一一个没有技术工程师经验的高管，由他来担任新的掌门人看似违背了索尼的传统，但最终索尼公司还是作出了选择，任命兼具日美两国理念于一身，同时不具有工程师思维的平井一夫为总裁，寄希望他能够为索尼带来新的气象。平井一夫也没有辜负董事会的期望。

在他的主导下，索尼公司快速"瘦身"，快步迈向"小时代"。通过自上而下的方式，将精细化的经营理念重新灌输于每一个员工，尽可能地改变已经僵化的工程师文化，将亏损较大

133

图 3.1　平井一夫运用精细化经营的手段，深耕"一个索尼"文化，令企业获得新生

的业务部分剔除，着力打造"一个索尼"的新文化，不仅在原本的强项电子消费品、电子游戏以及感光元件等方面加强开发，还布局于金融行业，收获颇丰。清理冗员、调整方向，历经一系列大刀阔斧的改革，昔日的"霸主"找回了精细化思维，也同时停下了亏损的脚步，重拾往日风采。

3. 依托于人才

可持续发展是企业经营的根基，做一年好店不难，做百年老店则难上加难，如何实现可持续发展是任何企业都面临的长期考验。有一个富有远见卓识的长期规划无疑大有裨益，但面临突发问题或在危机局面下的冷静应对至关重要。而上述一切得以实现的前提依旧是人才。

伦敦"雾都"之名花了近50年才得以摘去，中国的雾霾危机需要多久才能化解仍是未解之谜，这些都说明如果抛开可持续发展的理念行事，最终的结果往往得不偿失。好在人类是最善于学习的，也正因为如此，才会提出"可持续发展"的观点。一旦一个企业的经营者在发展初期就秉承持续发展的宗旨，并将其灌输到所有员工的头脑中，就能尽量避免"昙花一现"式的成功。

人之所以有别于其他生物，正是因为他能够在生命的每个阶段做到持续地学习，人在成长过程中，知识体系呈螺旋上升的态势。对于企业家来说，挑选使用具备超常学习能力的人才，是企业可持续发展的根本所在。

全球主流的投资银行以及咨询公司在招聘应届毕业生时，对其学习的专业似乎并不十分看重，这些企业更重视毕业生是否具备短时学习的能力以及发散性思维能力，也就是能否在尽可能短的时间内掌握新的知识，能否将新的知识与原有的知识体系相互融合并发掘出创新的内涵。对于这类企业来说，服务的对象经常是不同行业、领域的企业，而在企业无法将各类人才面面俱到地囊括的情况下，拥有一批学习能力过人的员工，能令它们尽量减少时间成本，进而提高解决方案的质量，大大提升企业整体的经营效率。

推而广之，大多数企业都适用这种模式。可持续发展说来容易做来难，其中最关键的节点在于不同年龄阶段的人，其思维火花存在一定的差异。年轻人往往更愿意尝试新鲜事物，拥抱前沿技术，更容易造就创新成果。一家企业在人员构成上需要做到多样化。年轻人虽然有属于自己的优势，但具备经历和经验的年长员工同样不可或缺。如何以最佳的配比打造一个健康、有活力的员工结构，极大地影响到一家企业是否能保持长期可持续的发展。

在高度全球化的今天，作为国际集团公司，打造团队核心竞争力，无法忽视人才构成的多样性。

就中国银行业来说，中国的商业银行自改革开放以来得到极大的发展，经过一轮大规模的股改上市后，更是成为全球范围内最具竞争力和影响力的金融巨轮。正因如此，这些商业银行纷纷在全球主要城市设立分支行，谋求进一步扩展业务的范围，扩大自身的全球影响力。在设立分支机构的时候，团队的构成就显得极为重要。具备海外背景的金融人才，来自国内的储备人才，以及海外国籍的当地金融人才相互结合，几乎成为各家商业银行在筹备海外分支机构时的标配。

不仅如此，商业银行纷纷大力倡导人才交流机制，为国内员工创造前往海外机构任职、交流的机会。通过海外分支机构这些平台，提升核心储备员工的眼界和思维，形成良性循环，为企业未来在海外进一步发展打下坚实的基础。

除此之外，对于任职海外机构的外籍员工，也会安排种类多样的企业历史、企业文化，甚至中国文化的学习交流机会，令他们不只是作为企业的打工者，而是切身感到自己也是中国企业的一分子，令中外员工能够携手共进，为企业创造更多的财富和盈利。

经营客户的基础

毋庸置疑，现代企业追求的目标是效益的最大化。效益来源于经营客户所取得的利润。企业通过为客户创造价值，得到客户认可，赢得客户的忠诚度、美誉度和贡献度。为客户创造价值的同时，实现自身的价值，最终达到共赢发展的目标。但作为企业管理者，无法事必躬亲地去经营每一位客户，通常直接面对客户的是企业员工，能否经营好客户，关键在于员工。

1. 员工是客户的维系者

从广义上说，客户是指用金钱或某种有价值的物品来换取接受财产、服务、产品或某种创意的自然人或组织，是商业服务或产品的采购者，他们可能是最终的消费者、代理人或供应链内的中间人。从狭义上说，客户是产品消费者和服务体验者，是任何现代企业想要长期持续发展和盈利的基石。

员工与客户之间的关联最直接、最紧密，构建并维系企业和客户"关系网"的，正是每一位员工。一家企业若想长久留住老客户，不断吸引新客户，懂得其中的"维系"之道相当重要。

营销客户即维系客户之内心，善于倾听客户心声和诉求，想客户所想，急客户所急，站在客户的心态和立场上去想问题，做事情。

营销客户即维系客户之需求，最大限度满足客户现有的需求，前瞻性地引导和创造客户新的需求，提高客户满意度和忠诚度。

营销客户即维系客户之价值，通过为客户提供合理的建议、合适的产品、完善的方案，为客户保持并创造更高的价值，就会进一步奠定双方长久合作的基础，赢得更多业务机会。

一线员工往往是维系客户的"直接责任人"，是对客户需求能够第一时间作出反馈的群体，所以员工的桥梁纽带作用发挥出色与否，直接关系到企业与客户之间的信息传递、反馈和处理。

2. 员工是利润的直接创造者

企业的利润，虽然从根本上说来自于客户，但是直接为企业创造利润的却是员工。员工通过生产、销售、服务等环节满足客户的需求，并由此为企业带来利润，员工是企业创造利润的主体。

员工效能的发挥与企业利润的产生有直接的关联，员工能力的强弱、素养的高下、态度的优劣、情绪的好坏，都会影响到客户关系的维系和企业利润的创造。经营好员工是提升企业价值的有效方式，是持续赢得客户和市场的关键。企业管理者欲打造一支强有力的员工队伍，形成企业创造利润的"主力军"，宜多管齐下，从业务能力、综合素养和职业规划等多方面着手，进行整体的提升，这样才能保证员工为企业源源不断创造更高价值，汇聚发展动力。

长期培训。任何新员工在进入企业的初期，都需要接受大量的新知识，学习大量的新技能。然而，这并不是一个短期培训过程，企业不可能在几个月的时间内就培养员工掌握所有的知识和技能。员工的培训，对于企业来说应当有一个长期机制。

市场环境不是一成不变的，它是一个动态变化的过程，今天的正确答案并不代表明天也是正解，对员工的培训需要顺应市场的变化，紧跟风口浪尖，从而保障员工时刻具备竞争力。

员工在企业中的岗位也是动态变化的。不同岗位需要承担不同责任，需要掌握不尽相同的知识储备。这就需要企业提供有针对性的培训计划，对员工在企业的不同岗位、不同阶段提供差异化的培训内容，令员工能够时刻学习新的知识，掌握必需的技能。

职业素养。企业所处的行业不同，所需要承担的社会责任和职业道德要求也相异。但有一点是相通的，那就是任何企业所需的员工都应当拥有良好的职业素养。职业素养是指人类在社会活动中所需遵守的行为规范，个体行为的总和构成了职业素养。具体来说，包括职业道德、职业意识、职业技能和职业行为习惯等。对于每一家企业，员工具备优秀的职业素养会令企业的发展具有可持续性，既能令企业的日常管理井然有序，又能令员工在经营客户时提供最优质的服务。因此，对员工职业素养的重视是现代企业在员工管理中不可忽视的重要一环。

激励晋升。基层员工为企业工作，不仅仅是为了日常的收入和工作带来的满足感，更多时候是将其视作自身未来规划实现的必经之路。如果一家企业对基层员工没有提供明确可行的晋升通道，则员工对工作自然会缺乏积极性，同时也会缺少对企业的认同感。如果企业能够为基层员工提供看得见、摸得着的晋升通道和适宜的激励机制，就能大大激发员工的工作动力和进取心，令员工将自身的发展和企业的发展联系到一起，从为企业打工变成为自己打工，最终能有效提升企业整体的凝聚力和战斗力。

只要将员工的工作做好，做到位，那么企业就拥有了最为坚实的后盾，并以此为基础，踏上有效发展的康庄大道。

3. 员工是品牌的塑造者

"品牌"并非简单等同于"商标",品牌更多时候代表的是企业形象,以及客户对企业的认同,是企业全体人员通过长期积累所构筑的巨大无形资产。作为企业主体的员工,其一举一动,所言所行,无时无刻不对企业品牌产生影响。对于客户来说,企业员工就等同于企业本身,每个员工都是企业品牌和形象的代言人。长期持久的高品质服务会令客户对企业倍加信任,但有时只需一次差错就会让之前的心血白费,所以员工个体对于企业整体的重要性远超想像。尤其在同质化程度较高的行业,不同企业所能提供的服务大同小异,区别就在于员工个体呈现出的优劣之分。能够全方位考虑客户需求的员工,会令客户在享受服务时的每一个细节都感受到企业带来的真心,从而自内心深处认可企业,并建立牢固的上下游关系。反之,若员工为客户提供的服务缺乏诚意,忽视细节,客户就会逐渐丧失耐心,另谋他路。

员工是企业品牌的塑造者。企业需将服务客户的意识牢牢扎根于每一位基层员工的心里,保证始终提供不变质的优秀服务,才能令客户发自内心地始终选择这家企业,最终让企业的品牌和形象深入客户的心中。

第二节
管事先管人

　　"经营人"是一门最难的管理艺术。在管理者的天平上，往往需要平衡制度管理和员工管理之间的关系。从表面上看，这是两种看似矛盾的管理方式。一方面，制度管理是刚性的，必须严格执行，没有妥协余地；另一方面，员工管理的弹性较大，制度管理的主体和对象依旧是人，而人则是有情感、有思想、有主动性的因素，无法完全用制度进行制约。管理者不得不经常面对人情与制度如何在企业内共存。但无论是员工管理还是制度管理，都是现代企业管理的一种手段，员工管理是制度管理的先决条件，必须使两者保持有机平衡状态。

倡导人本管理

　　人本管理，即"以人为本"的管理模式，是现代管理理论

之一，它是在"X-Y 理论"、"超 Y 理论"等柔性管理理论基础
上发展起来的。它不同于"见物不见人"或把人作为工具、手
段的传统管理模式，而是深刻认识到人在社会经济活动中的作
用的基础上，突出人在管理中的地位，实现以人为中心的管理。

X-Y 理论：X 理论和 Y 理论（Theory X and Theory Y），是
管理学中关于人们工作源动力的理论，由美国心理学家道格拉
斯·麦格雷戈（Douglas McGregor）1960 年在其所著《企业中
人的方面》一书中提出来的。这是一对基于两种完全相反假设
的理论，X 理论认为人们有消极的工作源动力，而 Y 理论则认为
人们有积极的工作源动力，即麦格雷戈的人性假设与管理方式
理论。

X 理论是麦格雷戈对把人的工作动机视为获得经济报酬的
"实利人"的人性假设理论的命名。其主要观点是：

（1）人类本性懒惰，厌恶工作，尽可能逃避；绝大多数人
没有雄心壮志，怕负责任，宁可被领导骂；

（2）多数人必须用强制办法乃至惩罚、威胁，才能使他们
为达到组织目标而努力；

（3）激励只在生理和安全需要层次上起作用；

（4）绝大多数人只有极少的创造力。

因此，企业管理的唯一激励办法，就是以经济报酬来激励生产，只要增加金钱奖励，便能取得更高的产量。所以，这种理论特别重视满足职工生理及安全的需要，同时也很重视惩罚，认为惩罚是最有效的管理工具。麦格雷戈是以批评的态度对待X理论的，认为传统的管理理论脱离现代化的政治、社会与经济来看人，是极为片面的。这种软硬兼施的管理办法，其后果是导致职工的敌视与反抗。

他针对X理论的错误假设，提出了相反的Y理论。Y理论是持将个人目标与组织目标相融合的观点，与X理论相对立。Y理论的主要观点是：

一般人本性不是厌恶工作，如果给予适当机会，人们喜欢工作，并渴望发挥其才能：

（1）多数人愿意对工作负责，并寻求发挥能力的机会；

（2）能力的限制和惩罚不是让人去为组织目标而努力的唯一办法；

（3）激励在需要的各个层次上都起作用；

（4）想像力和创造力是人类广泛具有的。

因此，人是"自动人"。激励的办法是：扩大工作范围；尽可能把职工工作安排得富有意义，并具挑战性；工作之后引起自豪，满足其自尊和自我实现的需要；促使职工达到自我激励。只要启发内因，实行自我控制和自我指导，在条件适合的情况下，就能实现组织目标与个人需要统一起来的最理想状态。

超Y理论：超Y理论是1970年由美国管理心理学家约翰·莫尔斯（John J. Morse）和杰伊·洛希（Jay. W. Lorsch）根据"复杂人"的假定提出的一种新的管理理论。其观点主要见于1970年《哈佛商业评论》杂志上发表的《超Y理论》一文和1974年出版的《组织及其他成员：权变法》一书中。该理论认为，没有什么一成不变的、普遍适用的最佳的管理方式，必须根据组织内外环境自变量和管理思想及管理技术等因变量之间的函数关系，灵活地采取相应的管理措施，管理方式要适合于工作性质、成员素质等。超Y理论在对X理论和Y理论进行实验分析比较后，提出一种既结合X理论和Y理论，又不同于X理论和Y理论，是一种主张权宜应变的经营管理理论。实质上是要求将工作、组织、个人、环境等因素作最佳的配合。

145

其基本观点是：

（1）人们带着许多不同的需要和动机加入组织，但最主要的是实现其胜任感；

（2）由于人们的胜任感有不同的满足方法，所以对管理要求也不同，有人适用 X 理论管理方式，有人适用 Y 理论管理方式；

（3）组织结构、管理层次、职工培训、工作分配、工资报酬和控制水平等都要随着工作性质、工作目标及人员素质等因素而定，才能提高绩效；

（4）一个目标达成时，就会产生新的更高的目标，然后进行新的组合，以提高工作效率。

在传统政治经济学中，将"人"的劳动力作为一种生产资料。随着社会发展，"人"在企业发展中的作用更多体现出作为资本的属性。因此，现代企业更多将"人"作为人力资本进行管理，已经进入人本管理时代。人本管理强调的是员工在组织中的主体地位和主导作用，管理者要积极为员工创造相应的环境和条件，围绕提高员工的积极性、主动性和创造性进行管理活动。

人本管理以重视人在企业中的作用为核心，以个人自我管理为基础，以企业的共同价值观为引导，使员工的人性得到最完美的发展。人本管理的实质就是尊重人、服务人、依靠人和发展人。

"以人为本"和"人本管理"经常可闻可见，其本原与内涵并非人尽皆知。人本管理，在极力推崇利润最大化或股东财富最大化的企业财务目标的今天，似乎被理解成了尽可能地激发职工的工作积极性，开发人力资源和重视运用人力资本。照此说法，它充其量不过是社会组织实现其自身功利目标的一种"现代化"的手段，而组织中的"人"并未摆脱其仅仅作为一种资源或人力资本存在的地位。倘若对"人本管理"的认识不到位，那么恐怕人只是一种创造财富的高级工具。

作为管理者，应该时刻关注组织成员的工作积极性和创造性，这是因为组织目标的达成依赖于组织成员对工作的全身心投入。值得注意的是，在组织目标达成的过程中，组织成员的工作积极性和创造性不会自发存在。现代企业组织中，具有潜力的组织成员拥有极高自主能动性的比例是非常低的，大多数员工若没有特别的愿景或目标，相对来说都缺乏发挥潜能的动力，对在企业中正常贡献自己的能量已经充分满足。若想令企业更上一个台阶，充分发挥员工隐藏的能力，管理者的重要任务就是要尽可能最大限度地激发组织成员的工作潜能，并将他们的行为引向组织目标之途。但问题在于，管理者如何才能最大限度地激发其组织成员的工作潜能，即组织成员在何种状态下才愿意充分展现其才能，并不断自主地挖掘其自身的内在潜能。

典型的经济学理论"经济人"假设认为"趋利避害"是人

147

的本性。作为一个"经济人"，追求物质利益的最大化自然成为个人行为的根本动机。一个组织作为"经济人"，无可置疑地会将本组织的物质利益的最大化作为组织的目标。组织管理者就得通过一系列的规章制度和方式手段，将可能有物质利益冲突的"个体"协调到一起，以实现组织目标。按传统的管理学观点，要促使员工高效率地完成工作以达成组织总体目标，"激励机制"被广泛采纳。激励措施一般可分为物质激励和精神激励。但其效用，随着时间的推移，已凸显出"捉襟见肘"的尴尬。

人本管理强调的是员工在组织中的主体地位和主导作用。在实施人本管理的过程中，管理者要积极为员工创造相应的环境和条件，以激励为主要方式，提高员工的积极性、主动性和创造性。人本管理的核心价值观就是尊重人、关心人，实现人的价值。人本管理是时代发展的产物，它在知识经济时代显示出新的特征，在不同企业里它的表现形式多样化，但其本质始终是企业生存发展之灵魂。善于人本管理的管理者尤其具备这些能力。

人本管理要义：

（1）用人时要优先选道德素质和技术能力兼而有之的人。德是才的统帅，决定才的作用和方向；才是德的支撑，影响德的作用和范围。德是思想基础，才是服务本领，两者缺一不可。

人是企业最重要的资本，也是经营发展最大的风险。有无数案例证明，有时候选错一个人，就会给企业带来颠覆性后果。因此，必须严格把控选人关。选用有德的人，就会得到大家的拥护，选用了无德的人，将会失去人心，直接影响企业的经营发展。选人用人在管理中往往会产生"乘数效应"：用好一个人，会产生正面效应，能激励一批人；用错一个人，就会失去一片心，负面效应难以估量。

（2）根据每个人的能力特点，合理安排使用。如果从企业经营效果去衡量，有些人性格开朗，能说会道，市场意识强，又有一定的社会资源，就适合做市场营销；有些人性格内向，做事严谨，风险意识强，就适合做风险控制；有些人对自身要求严格，协调能力强，员工信任度高，就适合做管理工作；有些人善于钻研业务，技术精，爱好学术研究，就适合做业务专家。如果在用人上忽长用短，效果就会适得其反，将直接影响员工队伍稳定，滋生管理负能量。

人本管理以人为中心，围绕人的能力特点，做到三个有利于，即：有利于个人能力特点的发挥，有利于团队结构合理优化，有利于整体功能的有效运行。

员工精、企业强，管理优、企业盛。企业经营以人为本，把员工经营好了，企业就有持续健康发展的动力。

149

创新治理机制

治理是指企业对经营管理过程的引导、协调、控制和评估活动。经营企业，既要会"管"，还要会"理"。寓建立健全规章制度、形成有效的激励约束机制、理顺各方关系于整个机构的有序运行中。

随着企业经营规模的不断壮大，"大企业病"也是企业治理的显著特点。

"灵活性经营与格式化管理的矛盾"，企业的上级机构在政策、制度、产品等方面的"一刀切"，与基层机构的个性化特点、灵活性要求不相适应；

"业绩责任下沉与权力集中的矛盾"，集中管理下的决策权限往往在上级机构，下级经营机构承担业绩责任，但没有与之对应的足够决策权，专业部门有决策权，但不直接承担任务指标，权责利不匹配导致决策效率偏低，优质市场拱手让给对手；

"渐进转型规律与考核评价约束的矛盾"，企业转型发展需要经历一个较长的转型过程，但严酷的市场环境和企业效益的压力，会令这样长时间的转型受到不可避免的制约；

"单打独斗文化与打造整体合力的矛盾"，大企业形成的管理文化，客户、信息和渠道等资源"部门化、区域化"，容易造成信息不对称，导致协调成本高、资源共享不充分、部分领域管理缺位，不能形成有效的整体合力；

"业务快速发展与精细化管理的矛盾"，大企业在业务快速发展的同时，客户、队伍、渠道、风控等基础管理方面却没有同步跟上，难以适应发展需要，导致一系列问题的出现。通过深化顶层设计和强化合理授权可以相对解决这些问题。诸如此类的问题，都需要深化顶层设计等相关对应措施来治理解决。

1. 顶层设计

解决体制机制弊端，关键在于建立符合现代企业经营规律和要求的机制、规则。顶层设计是运用系统论的方法，从全局的角度，对某项任务或者项目的各方面、各层次、各要素进行统筹规划，以集中有效资源，高效快捷地实现目标。对于大型现代企业来说：

可以通过完善内部市场化机制，打破区域分割、部门职能和资源流动壁垒，弱化专业属性，弱化属地化概念，强调不同板块，结合自身资源，主动开展业务，促进经营资源优化配置；

可以通过构建一体化跨区域联动机制，充分挖掘各区域特点和优势，在项目资源、资金需求等方面进行有效对接，在合理区分权、责、利的基础上，促进协同运作，提升整体竞争力；

可以通过实施结构化个性考核，统筹考虑业务、客户、产品、渠道、队伍等要素，建立分层分类的多维评价体系，既能看到总量，又能看到结构和质量，加大对创新项目、经营结构、效益效率、增量贡献等因素的考核比重，引导企业更好地转型发展。

2. 合理授权

做到"风险可控，效益最大化"，针对不同管理对象的职能定位、资源禀赋、能力素养等特征，不搞"一刀切"，简化上级管理机构的审批事项，灵活制定授权内容和标准，实施分级分类授权，实行授权报备制，并根据环境变化，及时进行调整。

渐进式实验，根据业务发展和管理需要，可以在企业中选择一些规范、成熟、潜力大的部门或者业务领域，授予先行先试权限，局部推进尝试，边创新边规范边完善，待成熟后全面推开，在合理控制风险的前提下实现改革创新的效能最大化。

尝试负面清单管理，以上海自贸试验区改革为例，其中非常重要的一项探索就是推行负面清单管理，推进政府职能和管理模式的转变。这对企业经营管理也具有很好的借鉴意义，可以尝试负面清单管理，对未列入"黑名单"的事项，可根据实际在风险可控的前提下自主决策开展。

强化激励约束

权力和责任是一对孪生兄弟，需要合理授权，权责相宜。如果形神不一，就会缺乏责任，产生低效甚至腐败。如何解决这些问题呢？以上级管理机构与下级经营机构的关系为例，一方面需强化管理决策部门的责任，另一方面则需提高经营机构的自主决策权限。采取"补充激励"或"对称问责"的思路。补充激励，就是如果某项经营任务达标，则按照业务相关性和参与度，以内部计价或直接奖励的形式，给予专业部门（包括前中后台）一定比例的分润，以激发各方主动参与业务经营，实现上下协同、前中后联动。对称问责，就是对市场竞争力下降、重要客户或项目流失、核心经营任务未达标等情况，上级管理机构应分担下级经营机构的责任。总之，通过特定的激励约束机制，实现"激励相容""问责相称"，促使个人理性转化为集体理性。

153

第三节

成事用对人

合适就是效能

　　现代企业管理讲求效能，而产生效能的根本还是在于人。企业管理者的核心工作之一，就是用人和管人。应该如何用人，用什么样的人，怎样管好人，才能产生最大的效能，是企业管理者每天都要面临的问题。高明的管理者，并不是所有能力都要高于团队成员，甚至有许多方面的能力可能远远不如团队中的其他人。管理者要因势利导，善于"借力"和"聚力"。"借力"就是在发挥好团队能力的同时，借助于他人的能力；"聚力"，就是把不同的力量凝聚在一起，形成合力，将所有"人"的效能发挥到最大。

1. 知人所长

"让合适的人做合适的事"，就是"知人所长"。我们常以千里马比喻人才，而把发现人才的人称为"伯乐"。伯乐相马，与现代企业的用人观不谋而合。

人才常有，但是善于慧眼发现人才的人不常有。许多管理者手下管着一大群人才，却喊着"天下无马"，殊不知，天下缺少的正是发现人才的慧眼。有效的管理者，要有识人之长的能力，因此要不断提升自己识人、用人的能力和水平，不让一匹千里马从自己手里溜走。

155

要给人才以合适的待遇。千里马一顿或许要吃掉"一石粟"，胃口要远远好于普通马，如果只用常规喂马的方式，千里马吃不饱，没力气，就无法保证日行千里，无法表现其作为良马的特长。作为管理者，要充分考虑人才的待遇、环境，根据人才的付出和工作量，合理安排薪酬，从情感、待遇、晋升等各方面，不断调动人才的积极性，更好地人尽其才。

2. 尽人所能

"让合适的人做合适的事"，就是"尽人所能"。每个人的能力，如同十根手指，虽有长短，但却各有用途，要正确加以衡量，并用在合适的地方。大材小用是浪费，小材大用藏危机，活材死用是僵化，这是现代企业管理者需要三思的地方。小说《三国演义》中有个典型案例，讲的就是人尽其能的事情。

天下皆知"卧龙、凤雏，两人得一，可安天下"，卧龙是诸葛亮，凤雏就是庞统，可见两人都是不可多得的人才。然而，求贤若渴的刘备对两人的态度却大不相同。刘备对那位卧龙诸葛亮表现出极大的热情，三顾茅庐，亲自相请；而对主动前来相投的凤雏庞统却不屑一顾，只让他去偏远耒阳当一个小县令。

庞统是一个人才，但是其貌丑陋，性格乖张，为人处事不拘小节，在耒阳百余日，只是饮酒取乐，并不管理政事。刘备得知十分生气，便派张飞、孙乾前去查办。庞统当着张飞的面，只用半日就办完了百余日的公事，这时刘备才知庞统非等闲之辈，于是拜庞统为副军师。这个典故，说明了作为管理者人尽其能的重要性。

要正确衡量人的能力。有效的管理者要知道他们所用之人，有什么样的能力，有怎样的特长，能完成什么样的任务和目标，通过日常的工作业绩发现其才能。庞统看似颓废却胸有大才，这就给管理者提出了要求，如何衡量一个人的能力。俗话说，是骡子是马拉出来遛遛，对于人才，必须经过实践的检验，方能委以重任，只有经得起绩效考验的人，才是可以提升的人。

把合适的人放在合适的岗位。有效的管理者，会给人才安排合适的岗位，一个人只有放在他最能发挥能力的环境中，才能充分展现其长处，发挥其特长。

3. 容人所特

"让合适的人做合适的事"，就是"容人所特"。我们常说爱一个人，就要接受他的全部。企业的经营管理者在面对人才之时，不妨也抱着同样的思想。一个人不可能只有长处，没有短处，世界上没有所谓的全才。如果管理者在使用人才的时候，过于看重一个人的缺点，那就没法发挥这个人的长处。

任何伟大的天才，大多是某一方面的天才。不管是谁，如果他在用人之时只想避免短处，那他所领导的组织必将是平庸的。所谓样样精通，实际往往一无是处。才干越高的人，往往缺点也越鲜明。有高峰就有深谷，谁也不可能"十项全能"。所以，作为管理者尤其要学会包容。

宰相肚里能撑船。一个组织需要有各种人才，目的是要做好相应的工作。对于管理者而言，用人不能只顾自己的亲疏好恶，而是要善于包容各色人等的不同脾性和个性，要善于包容团队成员的缺点和不足。要容纳这些差异，就必须注重以任务为中心，而不是以人际关系为中心。衡量一个人的成就高低，

157

应该按照其贡献和绩效这样的客观标准。只有在职位的设计和划分上不以个人喜好为中心时，这样的衡量才有可能。管理者只注意"谁好谁坏"，而忽略"什么好什么坏"，只考虑"我喜不喜欢这个人"，而不考虑"这个人在岗位上能不能干出成绩"，这样团队就会出现恩怨派系，最终会直接影响效能。而对于员工工作能力上的缺点和短板，管理者更是要充分考虑扬长避短，特殊人才特殊对待，让每位员工都能各施所长，实现效用的最大化。

能说明"容人所特"的最佳案例，莫过于《水浒传》中的梁山 108 将。梁山头领宋江，无疑是一个非常善于管理的团队领导。他手下的人员，身份复杂，来路不一，既有投降的官军，落草的富户，也有打家劫舍的，偷鸡摸狗的，江湖卖艺的，犯案在身的，甚至还有僧人道士、农林牧渔等出身的，林林总总无所不包。梁山上有"山头"，有派系，乍一看，这样一盘散沙的团队，迟早会被官军剿灭。

但是宋江做到了人尽其特，用好了这群"怪才"。智多星吴用聪明就做军师，神行太保戴宗跑得快就管情报，富户李应善于理财就管财务，北周皇家后裔柴进人缘好就管接待。至于带兵打仗，官军出身的关胜、呼延灼、林冲等人带马军，武松、鲁智深、李逵这些猛将管步军，张氏兄弟、阮氏三雄等打鱼出身的带水军。另外还有一些文职的人员，圣手书生萧让管公文，玉臂匠金大坚管印章，神医安道全负责看病。从管理层、核心业务团队、后勤保障、信息通讯，乃至办文办会的事情，都让那些有独特长处的人来担任。甚至连偷鸡摸狗的鼓上蚤时迁，在梁山上也有其一席之地，虽然他的行为算不得君子，有明显的道德瑕疵，毕竟他有独特才能，屡立大功无人能及。

识人选人用人

21 世纪，人类进入了一个以知识为主宰的全新经济时代，在这个快速变化的时代，人力资本与知识资本各自优势的独特性构成企业重要的核心竞争力，其中，人力资本的价值已成为衡量企业整体竞争力的重要标志。人力资本的增值主要是通过教育培训、选拔考核和使用来实现。人力资源所拥有的知识、经验、技能、个性、团队意识、学习与创造力等各种因素，可以通过对个体能力的积极整合，最终形成企业的竞争力，并在使用中发挥其效能。

1. 启蒙于教育

企业的成功与否，并不取决于企业拥有多少高学历的人才，而是在于培养了多少能力与岗位相匹配的人才，实现了多大的人力资本增值。企业只有通过培训，最大程度发挥员工的潜能，企业才能获得丰厚的回报。

对企业而言，看重人力资本的增长，甚于财务资本的增长。企业追求人才更甚于追求资本，有了人才就能创造价值，就能带动资本的迅速增长。在知识更新不断加快的时代，企业不及时补充新的知识，人力资本就会贬值，更谈不上人力资本的增值。例如，华为公司每年的培训费用高达数亿元，自己编写教材，从案例中提炼思想，培训效果有考核评估，也有严格的任职资格考试，培训的结果与录用、晋升、加薪相挂钩，纳入组织考评体系。关于人才的培训，企业一般可通过以下几个环节加以提升：

入职培训。许多经营管理规范、完善的企业通常到各高校网罗新鲜血液，特需人才、特殊岗位则通过社会招聘的途径来获取。新员工入职后，通过参加教育培训，以适应企业要求，将所学知识转换为岗位能力。

培训的内容，通常涵盖业务操作、企业文化、行为规范、团队拓展等，方法也包含了授课、操作、互动、演讲、参观等多种形式，目的是让新员工尽快熟悉企业的工作环境，了解企业的文化，学会必要的技能。

岗位导师。以老带新，一直是中国各行各业传承至今的做法，以前叫师傅带徒弟，而现在更多的企业引进了岗位导师制度。导师的职责，既有业务上的传、帮、带，让新员工更快地适应岗位，熟悉各项工作要求；也有在思想、品德上的引领作用，以身作则，与新员工沟通思想，让新员工迅速融入团队。

文化熏陶。企业培训还有一个重要的目的，就是让员工在最短时间内改变原有的思维定式，学会所在团队的做事方式，融入团队的价值观。因此，企业需要在日常工作中对员工进行文化熏陶，让企业文化内化于心，外化于行，固化于制。经过长期的熏陶浸润，企业文化的基因会渗入每个员工的言行之中，

图 3.2 华为公司对培训的极端重视为其成为世界级企业作出了巨大贡献

这样企业才能打造成一支独具特色的团队。

终身学习。 要做主动的学习者，不做被动的被灌输者。由于社会发展的高速化、多元化，大部分知识型人才会发现，新的知识不断会产生，要得到更大的提升，必须不断给自己充电，利用业余时间提升各方面的技能，这样才能保持与现有岗位匹配，才能具备挑战更高层级岗位的能力。

2. 实现于选拔

人才的选拔有许多种形式，既有"毛遂自荐"式的自我营销，有"有口皆碑"式的众人推荐，有"比武招亲"式的现场竞技，也有"沙场点将"式的上级指派。总之，不同的人才选拔方式各有利弊，不能一概而论，不同的方式只有在不同的情况下使用才是最有效的。对于现代企业来说，人才的选拔，或者说管理者的提拔，更多的要从制度、业绩和储备三方面综合考量。

用制度管理人才。 现代企业中人才济济，人才的选拔是企业牵一发动全身的关键要素之一，因此，在人才的选拔和任用上，现代企业都有较为严格的甄选流程。用成熟的制度来管理人才是较为高效率、低风险的做法。相关制度包括职位体系、任职资格体系、绩效考核体系、选拔任用程序等。让人才的选拔有据可依、有章可循、有理可通，才能激发人才的积极性，有效防止用人不当、一言堂、任人唯亲等不良风气的蔓延，让真正的人才能看到前途和希望。

用业绩选拔人才。 衡量人才，归根到底需要用业绩说话。但是，业绩不是靠嘴皮子吹出来的，必须在实践中来取得。如果一个员工只是具备充足的理论知识，而没有经过实践的磨炼，那么，知识永远只能停留在理论阶段而无法转化为真正的能力，就像研究再多的游泳技术，不跳进水里去游一游，那根本不叫会游泳，更别提游得快，游得好。当然，知识与能力也是相互依存，相互促进的。知识是能力的基础，能力是知识的外在表现。学习知识为了提升能力，能力提高加速知识的掌握。

人才选拔的一大原则即人才需要实践的检验，选拔要用业绩说话。业绩则必须在长期的工作学习和实践当中获得。要成为人才，成为管理者和领导者，卓越的才能、渊博的知识、高超的管理艺术是必不可少的条件。身为管理者，要善于处理纷繁复杂环境中的各类问题，这就要求人才选拔必须基于丰富的实践和卓越的业绩。企业需要根据不同岗位特点，编制关键考核指标，形成业绩选人的机制。

用培养储备人才。 梯队建设对于现代企业的成长至关重要。正如一支球队的实力强不强，除了场上主力，还要看板凳深度，除了板凳深度，还要比青训体系。拥有一支数量保持动态均衡，

163

结构保持合理稳定的储备人才队伍，才能起到未雨绸缪、有备无患的作用，才能为公司稳健发展提供有力的保障。对于储备人才，要不断衡量其核心胜任能力，动态掌握其发展情况，量身定制培训计划，通过考核评估其提升效果，最终企业从梯队中选拔合适的人才，要比盲目试错更有效、更有针对性。

3. 完成于使用

培养人才，选拔人才，归根到底是要使用人才，这也是现代企业人力资源管理的根本目的。至于是人才还是庸才，还得在使用中进一步加以证实。真正的人才，其才华总会在实践中得到最大的展示，最终拥有一个属于自己的舞台和天地，同时也会给企业带来最大的效益。对于人才的使用，除了人尽其才、人尽其能、人尽其特外，还要做到三方面的匹配：

权利和义务相匹配。"用人不疑，疑人不用"，既然认定是人才，那么在使用中就要授予一定的权力。古代有"将在外，君命有所不受"之说，面对千变万化的市场，面对用户不断改变的需求，往往一线人员更为敏锐，更能快速适应和作出调整，因此把更多决策权逐层下放，已经成为华为、海尔等大型企业所采用的管理模式。在权力下放的同时，管理层也应考虑到各种潜在的风险和隐患，权力意味着责任，不可以为所欲为，最终必须拿出与权力相匹配的成绩来说话。

贡献和激励相匹配。"既要马儿跑，又要马儿不吃草"，这样的悖论不能出现在人才的使用上。华为是一家典型的"三高"企业，效率高、压力高、工资高。随着现代企业国际化的发展趋势，一流的企业，要吸引一流的人才，与贡献度相匹配的激励机制必不可少。华为公司从各方面满足员工的薪酬要求，对外派员工的待遇尤为优厚，以此安抚其在高压和远离家人的困难环境中工作。除了薪酬外，股权、培训、人文关怀等，也是行之有效的激励手段，这样不仅能让人才获得物质和精神上的满足，更好开展工作，同时也会吸引更多人才前来效力。

165

晋升和淘汰相匹配。人才不是一成不变的，尊重人才不能盲目迁就人才，要形成能上能下的人才流动机制。在企业中，晋升和淘汰一样，既有积极作用，又有消极作用。晋升可以强烈刺激被晋升者的能动性，但也可能挫伤其他人才的积极性；晋升可能会激发被晋升者的潜力，但也可能让其原有的知识技能变得毫无用处。所以，一味的晋升也不是最好的方法。而淘汰也未必都是坏事，末位淘汰是不断加高短板之举，被淘汰者如果有更合适的岗位，则也能发挥更好的效能。总之，应根据实际情况，打好晋升和淘汰这两张牌，对于人才的有效使用至关重要。

识人、选人、用人三者互为条件，相辅相成，在企业经营管理中不断循环往复。按照动态管理、定期考核的要求，依据德、能、勤、绩，适时调整补充，使企业发展充满生机和活力。

第四章

方法为要

　　管理方法是用来实现经营目的而运用的方式、途径和手段，有利于发挥团队成员各自的职能，灵活处理各种疑难杂症。经营企业就是要找到精锐的"管理工具"，探索研究适合企业有效运行的管理过程。科学的管理方法往往能起到事半功倍的效果，帮助管理者实现经营发展目标。

路径存于道

工欲善其事，必先利其器。

所谓"器"，就是筹划治理企业，实现有效发展的路径，即"理念＋方法＝道"。理念在企业整个发展过程中处于先行者地位，引导企业的方向和行为。在经营理念确定后，方法就是解决企业具体出路和达到预期目标的"利器"。

经营企业的方法，是一个不断实践、总结创新的过程，没有唯一答案，只有结果的好与坏。因此，必须一切从实际出发，具体问题具体分析，以求最好的方法来解决生产经营中的疑难杂症。好的方法在市场竞争中发挥着保驾护航的功能，在提高企业经营效益上往往起到决定性的作用。

问题反映现象，原因出自要领；
不为失败找理由，只为成功找方法

全面系统看问题

管理者在企业经营中面临诸多个性与共性的问题。全面系统看问题，要求认识客观事物不局限于自己的眼光，考虑到相关因素。在处理具体事务中，妥帖周全回答问题，热情耐心关注员工，客观公允选拔人才，以理服人解决纠纷，严密精细制定方案，运用好系统思维，科学高效地推动各项工作开展。

站得高看得远

经营管理过程中会产生大量信息流，管理者处于金字塔的顶端，发掘这些信息的价值，并与生产经营、人员管理有机结合起来，考验管理者智慧。

1. 胸怀大局

"不谋全局者不足谋一域，不谋万世者不足谋一时。"讲的是大局和小局、眼前和长远的关系，对全局无法作出准确而有效的谋略，不足以掌控区域的局势；不对未来的局面预测、预估，无法对当下的情势形成有力的掌控。

"大局"，即市场环境的现状，也包含企业自身当下的局面。在达到胸怀大局的境界之前，首先要做到对企业内外环境的精准把握，了然于心。若仅了解外部形势而忽视企业自身的整体状况，则易发生"脑子比脚跑得快"的情况。哪怕制定了极具针对性的发展策略，也会因为实际操作层面无法一以贯之，削弱了本应奏效的设想。若仅对企业内部的局势一清二楚，将一切打理得井井有条，但对复杂多变的外部环境缺乏足够的敏感性，无法跟上时不我待的变化，则极易在与竞争对手的争夺中落于下风，在商业战场上处于劣势。

大局的"局"，是带有规律性、普遍性的形势。中国传统文化，最讲究大局的，或许应该属于围棋。此外，世界上有各种博弈类运动，诸如中国象棋、国际象棋、桥牌等，也都是非常考验大局观的智力竞技项目。围棋的每一个棋子都一样，没有抽到好牌烂牌的运气成分，棋手从第一枚落子开始布局，通过不断地分析、改变、预测、巩固、扭转，甚至部分放弃，最终奠定局面，赢得胜利。一个好的棋手必须具备大局观，知道如何获得大局上的主动性。围棋选手如此，管理亦然。要着眼于全局，站高望远，从而获得对全局的掌控。

作为掌控企业经营命脉的经营者，位于庞大组织体系的上游位置，在具体信息的获取上多少存在一定的障碍，层层而上，最终获得的信息往往会有些许的偏差。企业经营者需要适时地深入基层，体察民情，掌握一线商业环境中存在的问题和机遇。大局的"大"并非意味它可以脱离细节，抛开实际。任何物体都是由最微小的原子、分子所构成。同理而言，任何局势都脱离不了细小的现实和细微的问题。从基层获取的只言片语，往往能够最直接地反映出整体局面的走势。

173

2. 把握大势

"大势"便是大局的趋势。古今中外，凡成大事者，无不善于把握大势，而大势往往是最需要把握却又最难把握的。一家企业在经营过程中能否把握大势，考验的是经营者的战略思维、战略远见和战略定力。谋事之时，最忌未经周全考虑便轻率行事，尤其需要避免被思维定式所框定。无论身居何位，在做决定之时，都不能只看眼前而忽略了事物发展的大趋势。

纵观当今世界最成功的企业发展历程并加以简单的梳理，随处都能找到这些企业成功模式中对"大势"的精准把握。

因势而谋，着眼形势考虑问题。企业在经营管理中考虑问题的时候，要结合实际情况加以判断，了解形势，明确局势，预判趋势，并在此基础上进行思考和判断，这是把握"大势"的前提条件。

应势而动，根据形势改变方案。在经营管理当中，一旦捕捉到"大势"，那么企业的经营管理方案、策略或者模式，都要及时跟进，灵活调整，才能使企业经营管理的步调始终与趋势保持一致。大势变，则方式变，不断与时俱进。这是把握"大势"的基本战术。

顺势而为，顺应形势进行运作。机不可失，时不再来，一旦明确大势，并据此调整策略后，便要顺应大势开展具体的经营活动。顺势而为是一种根据趋势、根据规律做事情的方式，往往能起到事半功倍的效果，使企业更快、更有效率地实现经营管理目标。这是把握"大势"的最终行动。

1994年，亚马逊创办人贝佐斯（Jeff Bezos）在一次上网冲浪时，偶然进入一个网站，看到了一个数字——2300%，即互联网使用人数每年以这个速度在成长。贝佐斯看到了这个数字，其实更重要的是他看到了这个数字代表的一种趋势，也就是互联网高速发展的趋势。贝佐斯决定进入互联网行业，从事电子商务。他最初列出了 20 多种商品，然后逐项淘汰，精简为书籍和音乐制品，最后他选定了先卖书籍。书籍特别适合在网上展示，而且美国作为出版大国，每年图书有 130 万种之多，而音乐制品仅 20～30 万种；图书发行市场空间较大，这个行业年销售额为 2600 亿美元，但拥有 1000 余家分店的美国最大连锁书店，也是全球第一大书店的年销售额，仅占 12%。从分析中，他又一次把握到了趋势。

随着其独特的经营方略和模式，亚马逊公司得到了飞速发展，贝佐斯的眼光也放得更远。1998 年 3 月，亚马逊开通了儿童书店，虽然这时的亚马逊已经是网上最大最出名的书店了，但贝佐斯继续以他的理论引导着亚马逊向更远的目标发展。6 月，亚马逊音乐商店开张；7 月，与 Intuit 个人理财网站及精选桌面软件合作；10 月，打进欧洲大陆市场；11 月，加售录像带与其他礼品。1999 年 2 月，买下药店网站股权，并投资药店网站；3 月，投资宠物网站，同期成立网络拍卖站；5 月，投资家庭用品网站。

这些迹象表明，贝佐斯的目标已经不仅仅是做图书了。当亚马逊获得了网络流量的红利后，贝佐斯深知这一优势的来之不易，决不能错过进一步扩大的机会。他要将网站从单一的书籍销售平台改变为全品类商品网络销售平台，尽可能地利用相比线下商店，网络销售的包容性，更不浪费已经积累的大量用户。在其上线的第五个年头，亚马逊已将它的宣传口号改为"最大的网络零售商"，而直到今天，全球也没有任何一个网络平台能够在销售体量上超越亚马逊。当所有人都还不知道"电子商务"是什么东西，还在讨论"电子商务"的时候，贝佐斯已经用自己的行动证实了什么是电子商务。"亚马逊"是网络上第一个电子商务品牌。在 1995 年 7 月，亚马逊还只是个小网站，但到了 2000 年 1 月，亚马逊的市价总值已经达到了 210 亿美元，5 年不到的时间，亚马逊以惊人的成长速度创造了一个网络神话。

正是由于亚马逊公司的经营者贝佐斯与其同僚在经营过程中的关键节点因势而谋，应势而动，顺势而为，才最终诞生了线上版"万货商店"，互联网的巨无霸。

3. 聚焦大事

大事，顾名思义就是重要的事情，也可以理解为事物的主要矛盾或者矛盾的主要方面。整个宇宙是一个不断运行的整体，所有事物都是不断变化、发展并相互联系的。企业的核心层在掌握市场环境的整体局势和企业内部自身动态的基础上，将"势"转化为"事"，就从根本上提升了企业发展的核心竞争力。空有一番夸夸其谈，而无法将其落地，不过"纸上谈兵"罢了。

对于任何企业而言，"大事"往往意味着经营发展过程中最切中要点的核心目标或者着力点。不同的企业，不同的领域，有各自不尽相同的"大事"，越是核心问题，越有共通之处。行业的佼佼者们，在经营管理中往往比较集中着眼这些"大事"。

创新概念。现代消费观，概念性消费已经越来越受到企业的关注。在消费品日趋饱和的市场中，一个新的概念，往往意味着新的业务增长点，比如时下流行的社交概念、共享概念，都催生出一批企业新贵。新颖独特的概念，代表了时代和产品的发展趋势，能够引发消费者极大的兴趣，并能与对手形成最大的差异化竞争。所以一家优秀的企业，不仅销售产品，更是要销售概念，这也是现代企业普遍关注的一件大事。

着眼体验。体验，就是企业以服务为舞台，以商品为道具，环绕着消费者，创造出值得消费者回忆的活动。其中，商品是有形的，服务是无形的，而创造出的体验是令人难忘的。商品、服务对消费者来说是外在的，但是体验是内在的，存在于个人心中，是个人在形体、情绪、知识上参与的所得，来自个人的心境与事件的互动。传统商业模式中，主要靠产品竞争，而时下的各行各业，在消费和服务体验方面的竞争更为白热化。传统的产品和服务，最后都将因为成本降低而降价，演变成价格战，唯有营造独特的体验，才能使其竞争力长久不衰。

提升品牌。品牌是消费者对产品和企业的综合认知和评价，是企业最大的无形资产，也是企业核心价值所在。品牌管理一直是现代企业经营管理中无比重视的内容，有利于增强企业的吸引力与辐射力，有利于企业美誉度与知名度的提高。好的企业品牌令人羡慕、向往，不仅能提升投资价值，还能吸引人才，使资源得到有效集聚和合理配置。

概念、体验、品牌，是企业不断取得巨大成功的"三驾马车"，许多优秀的管理者敏锐发现并在经营管理中不断探索实践。

星巴克（Starbucks），是一家 1971 年诞生于美国西雅图的咖啡公司。作为一个市场跟进者，星巴克从一间小咖啡屋发展成为国际最著名的咖啡连锁店品牌。这个"1 小杯咖啡 +1 块方糖"是怎么样做成了世界 500 强企业的？星巴克的成功着眼了那几件"大事"？

40 多年来，星巴克对外宣称其整个经营政策都是：坚持走公司直营店，在全世界都不要加盟店。星巴克之所以采取直营方式，其理由是：品牌背后是人在经营，星巴克严格要求自己的经营者认同公司的理念，认同品牌，强调动作、纪律、品质的一致性；而加盟者都是投资客，他们只把加盟品牌看做赚钱的途径，可以说，他们唯一的目的就是为了赚钱而非经营品牌。

星巴克是快餐式的咖啡馆，甚至一定意义上都不能算咖啡馆。其实，星巴克真正打造的，是一个包装成咖啡馆的社交场所。去星巴克的人，多数并不是真的为了享受一杯专业的高品质咖啡，而是将门店当作一个社交会友场所，尤其为学生和年轻的城市职场人员所青睐。

星巴克开创了一种独特的零售体验，怡人、舒适、轻松，

179

图 4.1　从全局视野
　　　　规划发展战略

让顾客向往并吸引其一再光顾。在星巴克的店里，有舒适的座椅、无线网络连接，甚至音乐也可自己选择。星巴克 2001 年开始提供无线高速上网服务，而那时候，中国的家庭宽带网络甚至都还没有普及。

胸怀大局，把握大势，着眼大事是具有普遍性的重要能力。企业的经营者须高屋建瓴、重视细节，琢磨事物发展的客观规律和环境变化。通盘考虑，全局思维，在有限的资源下发挥无限的可能性。

一切从实际出发

1. 不唯上、不唯书、只唯实

中国老一辈革命家陈云在战争年代学习了大量哲学与毛泽东著作，并联系土地革命战争时期的经验与教训，进行深入思考。他说：我体会，毛泽东思想的核心是实事求是，精髓是实事求是。在延安"整风"运动后，他提出了"不唯上、不唯书、只唯实、交换、比较、反复"的至理名言。在此后漫长的工作经历中，这十五个字成了陈云的座右铭，将理论深度的哲学思想与实践有机、通俗地结合起来，充分表现了学与用、知与行的辩证统一，其中蕴涵通俗易懂的道理，使人受益匪浅。在企业经营管理的实践中，这十五个字同样是金科玉律。

陈云的唯物辩证观

陈云说：不唯上，并不是上面的话不要听。不唯书，也不是说文件、书不要读。只唯实，就是只有从实际出发，实事求是地研究处理问题，这是最靠得住的。交换，就是互相交换意见。比方说看这个茶杯，你看这边有把没有花，他看那边有花没有把，两个各看到一面，都是片面的，如果互相交换一下意见，那末，对茶杯这个事物我们就会得到一个全面的符合实际的了解。过去我们犯过不少错误，究其原因，最重要的一点，就是看问题有片面性，把片面的实际当成了全面的实际。作为一个领导干部，经常注意同别人交换意见，尤其是多倾听反面的意见，只有好处，没有坏处。比较，就是上下、左右进行比较。抗日战争时期，毛泽东《论持久战》就是采用这种方法。他把敌我之间互相矛盾着的强弱、大小、进步退步、多助寡助等几个基本特点，作了比较研究，批驳了"抗战必亡"的亡国论和台儿庄一战胜利后滋长起来的速胜论。毛主席说，亡国论和速胜论看问题的方法都是主观的和片面的，抗日战争只能是持久战。历史的发展证明了这个结论是完全正确的。

由此可见，所有正确的结论，都是经过比较的。反复，就是决定问题不要太匆忙，要留一个反复考虑的时间。这也是毛主席的办法。他决定问题时，往往先放一放，比如放一个礼拜、两个礼拜，再反复考虑一下，听一听不同的意见。如果没有不同的意见，也要假设一个对立面。吸收正确的，驳倒错误的，使自己的意见更加完整。因为人们对事物的认识，往往不是一次就能完成的。这里所说的反复，不是反复无常、朝令夕改的意思。

182

陈云说：这 15 个字，前 9 个字是唯物论，后 6 个字是辩证法，总起来就是唯物辩证法。

（《陈云文选（第三卷）》，人民出版社 1995 年版，第 371—372 页。）

1943 年年底，陈云与毛泽东、林伯渠参观了陕甘宁边区农业生产展览会。此后，中央决定派陈云到西北财经办事处，担任副主任兼政治部主任。西北财经办事处成立于 1942 年年中，统一领导陕甘宁和晋西北两个边区的财政经济工作。办事处主任是贺龙，实际工作则由陈云主持。

陈云在工作中十分重视按经济规律办事。当时，边区布匹、棉花一半以上需要从国民党统治区进口，为此必须向国民党统治区出口才能换取在那里流通的法币。但边区经济落后，能够出口的东西很少，所以经常处在入超状态。

针对这种情况，陈云决定改变原来外贸分散经营的方式，对重要的出口物资特别是盐，实行统购统销，对主要的进出口口岸实行统一管理。1944年关中平原新棉上市时，陈云指示各口岸统一提高棉花收购价格。这一招果然灵验，边区周围的国民党军队原本是要防止货物流入边区的，可是为了赚钱，却让士兵背着棉花到边区来卖，有些一夜背三趟，封锁线顿时变成了"转运站"。

在金融工作中，一个非常困难的问题是货币发行问题。陈云对边区货币发行的经验教训做了深入的分析和总结，提出货币发行"不要冲破饱和点"的原则，即货币发行要与流通的实物相平衡。这不仅在理论上，而且在实际工作中，为边币发行量找到了具体的限度。

金融的另一个重要问题是边币与法币的关系问题。边币是皖南事变后陕甘宁边区发行的独立货币，但有人以为只要靠政治手段就可以使边币彻底脱离法币，从而保持边币的"独立性"。

陈云认为这种愿望很好，但并不可行。他认为，既然边区经济离不开进出口，也就离不开法币；既然边区经济落后，存在一个很大的进口需求，边币也就只能跟着法币走。他对两种货币比价与进出口商品物价之间的变动关系做了细致分析，提出边币币值不能稳定在物价上，而只能稳定在与法币比价上。

陈云还提出要利用法币贬值的时机，提高出口货物价格，出口黄金，买进法币，少进货物；利用法币升值的时机，抛出法币，买进物资和黄金，使边区政府从中赚取了大量差价，以充实银行的准备金，创造了中国共产党领导金融工作的奇迹。

在主持边区财经工作期间，陈云领导财经办事处制定了一系列促进生产发展的政策，又提出了留有后备的财政方针。他在1945年2月召开的边区财政厅工作检讨会上，提出财政工作的方针是：生产第一，分配第二；收入第一，支出第二。在保证需要方面，他提出的方针是：军队第一，学校第二，机关第三。

在这些方针的指导下，边区工农业生产都得到了进一步发展，金融物价趋于稳定，进出口贸易达到了平衡，政府积蓄了充足的物资，为抗战胜利后中国共产党开辟新解放区、扩充部队、增加装备，奠定了坚实的家底。

这一些卓有成效的做法，就是陈云坚持一切从实际出发而取得的。

（资料来源：《中共党史人物传精选本（1）》，中央文献出版社2001年版，第640—641页。）

谋事要实，就是一切从实际出发谋划事业和工作，使点子、政策、方案符合实际情况，符合客观规律，符合科学精神，不好高骛远，不脱离实际。管理者要以求真务实的作风，深入调查研究，从各方面汲取智慧，把要做的事谋划得更实些。比如要出台项目，总会碰到一些困难。这时不能只待在办公室里坐而论道，可以深入到基层中问一问，听一听，议一议，总会有出其不意的金点子。而这些好主张、金点子靠网上"百度"、查阅书本是想不出来的。一些业务发展的措施，总是感到在"路上"，但"看得见够不着"，根本缘由还是在于谋划不实。要解决这些题目，就要走到员工中，深入实际，深入基层，真正解决好"最后一公里"问题。

创业要实，就是真抓实干。要做实干家，莫做清谈客。没有实干，再好的蓝图也只是镜中花、水中月。优秀的企业都有一流的执行力，企业不是计划出来的，是"现在、立刻、马上"干出来的，即把执行力提升到核心竞争力的高度。干事创业，

事不在大小，关键要做实，真正把事关客户和员工切身利益的
事情做好，做到位，结合实际创造性地开展工作。

做人要实，就是做老实人、说老实话、干老实事。其要义
是襟怀坦白，公道正派。做老实人就要自觉抵制各种"假冒伪
劣"现象，讲真话、察真情、动真功，真干、实干，以实实在
在的行动给企业和员工带来实实在在的利益。要摒除"做官"、
"做老板"思想，避免把职务当资本，看重个人的权和利。在日
常管理中，任务下达与关心指导并重，积极做好员工工作，引
导、调动员工的工作积极性，让正能量得到最大程度发挥。企
业管理者应懂得做老实人的基本道理，争当实在做人的楷模，
形成尊敬老实人、使用老实人的良好氛围。

2. 知识与能力

知识是人类在实践中认识客观世界（包括人类自身）所形
成的成果，它包括事实、信息的描述或在教育和实践中获得的
技能。知识并不等于能力，通过不断的思考和实践，才能转化
为能力。

勤于学习，克服本领恐慌。学习如同"开铺子"，如果存货
不多，取一点，就少一点，你不进货，就要关门倒闭。

提高辩证思维能力。思路决定出路，思维水平决定工作水

平。企业经营需要战略思维、历史思维、辩证思维等科学的思想方法。特别在企业变革发展的攻坚期、矛盾凸显期，要重点提高辩证思维能力。辩证思维能力，就是承认客观矛盾，树立问题意识，透过表面现象，全面、客观地分析问题，找到科学有效的解决路径。工作中，矛盾常常代表着对立、纠纷和麻烦，让很多人避之唯恐不及。但是在辩证唯物主义的哲学视野里，矛盾是事物发展的根本动力，没有矛盾的世界是不可想像的。强调问题导向，就是承认矛盾的普遍性、客观性，就是要善于把认识矛盾和化解矛盾，作为打开工作局面的突破口，在解决矛盾的过程中推动发展。学好用好唯物辩证法，提高辩证思维能力，提高驾驭复杂局面、处理复杂问题的本领，是管理者一个重要的学习方向。

勤勉执着，增强工作韧性。 有立必有破，学习和运用唯物辩证法，反对形式主义、经验主义等形而上学的思想方法，切实把工作落到实处，做出经得起实践和历史检验的业绩。有人说，管理者"不可以任性，但要有韧性"。前者是指没有原则、不讲规矩、不计后果的恣意妄为，后者是指朝着正确的目标，驰而不息、奋勇前行，即使遭遇挫折和困难也不回头。两者虽然读音相同，本质却天差地别。

发扬"钉钉子"精神。 "钉钉子"精神也是一种方法论。做人做事，不能好大喜功，脱离实际，而是要像钉钉子，踏踏实实从小处做起，做深做细做透，"专"和"钻"的精神永远都不过时。"钉钉子"的过程，是设计、方向、力道、节奏相结合的过程，既不能使蛮力、用蛮劲，把钉子钉坏了，也不能盲目钉，把钉子钉歪了。看似简单的道理，做起来却不那么容易。企业的创新转型是一项艰巨的系统工程，需要一茬接着一茬干，一锤接着一锤敲的决心和耐心，要有"功成不必在我"的境界，多做一些打基础、做铺垫的事，抓住发展机遇，避免半途而废。围绕既定的发展目标，努力将蓝图变为现实。

敢于担当，切实履职尽责。在职责需要的时候，承担履行相应的责任和义务，既是一种履职能力和行为，更是一种任职资格和品质精神。如果把企业看作肌体，管理者就是支撑"全身"的骨架和脊梁，承载发展重任，抵御风险压力。敢于担当的管理者，是企业大厦屹立不倒的强大精神支柱。

在其位，谋其政，司其职，负其责。管理者肩负带好队伍，实现发展愿景的使命，以开拓进取的姿态，恪尽职守，做好本职工作，展现其履职尽责的能力；积极主动，遇到困难挺身而出，不绕道，不退缩，攻坚克难，自我加压，兢兢业业，创造令人信服的业绩，努力体现自身价值。

顺境逆境看襟怀，大事难事看担当。坎坷和挫折是对担当最直接的考验。遇到矛盾不推诿，不开脱，既能丰富经历，加快成长，又能得到员工的信任理解，从而促进企业协调发展。公者无私，勇者无畏，敢于担当责任，就能在实干中确立管理威信，赢得员工尊重，捍卫管理者的尊严。

第二节

复杂问题简单化

经营管理是一门科学，它的复杂程度不亚于最深奥的数学问题，原因在于随着时代的发展，环境的变迁，经营管理往往没有恒定的正确答案，今天的过人之处，在明天或许就成为过时的错解。这并不意味着经营管理就是一个不断试错的过程，在不断变化的外部条件之下，仍然有一些可以摸索得到的规律值得经营管理者去把握，将复杂问题简单化便是自古以来无数智慧碰撞出的精华。最理性的管理是最简单的管理，无论产品设计、流程制度乃至经营决策，管理得以成功进化的过程，就是不断"去复杂化"的过程。

简单非粗放

大道至简，简单不是粗放，而是对事物本质的深入了解，对事物发展规律的精准把握。只有按规律办事，事情才会简单，否则就会变得复杂，且往往事倍功半甚至南辕北辙。简单管理不是草率决策，拍脑袋，而是尊重客观实际，以求真务实的态度，深入调查研究，实事求是做决策。简单管理不是粗放管理，与过程管理、动态管理并不矛盾，它需要事前周密规划、事中动态监督、事后评价反馈，需要明确目标、抓住重点、落实责任、奖惩分明。

1. 把握规律

面对瞬息万变的市场环境，如何通过遵循客观规律，进而改善并缩短企业运行流程，是改进经营管理的一项重要内容。14 世纪英国修士奥卡姆（Ockham）面对当时无休止地对"共相"、"本质"之类的讨论、争吵感到厌倦，他提倡思维经济原则，并著书立说，宣称只承认存在的东西，认为那些空洞无物的普遍性要领都是无用的累赘，应当被无情地剔除。简而言之，即避重趋轻、避虚就实、避繁逐简、以简驭繁，概括起来就是"如无必要，勿增实体"。奥卡姆的理论在当时犹如剃刀出鞘，撕裂了百年间争论不休的经院哲学和基督神学，使科学、哲学彻底从宗教中分离出来。后世为纪念奥卡姆的伟大贡献，便将这种崇尚简单有效的理论称为奥卡姆剃刀定律（简称奥卡姆剃刀）。随着时间的推移，奥卡姆剃刀定律的应用范围越来越广，内涵也更加精炼，应用到企业管理中就是提倡"简单管理"。

简单管理，是一种创新的思维方法，一条远离复杂、官僚和中庸的有效途径，通过准确把握规律，去伪存真，由此及彼，由表及里，将复杂工作简单化，并高效地加以解决。

奥卡姆剃刀理论的应用

如今，奥卡姆剃刀定律常用于两种或两种以上假说的取舍上：如果对同一现象有两种或多种不同的假说，我们应该采取比较简单或可证伪的那一种，世界客观存在即是建立在客观实践之上，正所谓实践是检验真理的唯一标准。

科学思维

对于科学家，奥卡姆剃刀定律还有一种更为常见的表述形式：当有两个或多个处于竞争地位的理论能得出同样的结论时，那么简单或可证伪的那个更好。这一表述也有一种更为常见的形式：如果有两个或多个原理，它们都能解释观测到的事实，那么应该使用简单或可证伪的那个，直到发现更多的证据。对于现象最简单的解释往往比较复杂的解释更正确。如果有两个或多个类似的解决方案，选择最简单的。需要最少假设的解释最有可能是正确的。严格地说，它们应该被称为吝啬定律（Law of parsimony），或者称为朴素原则。

这个定律最早至少能追溯到亚里士多德的"自然界选择最短的道路"。亚里士多德在相信实验和观测并无必要上走得太远。朴素原则是一个启发式的经验规则，有些人引用它，仿佛它是一条物理学公理。其实不是。它是具有广泛应用的理论思想，在哲学和粒子物理中使用得很好，在宇宙学和心理学中就不是特别好，这些领域中的事务往往比想像的复杂得多。或许引用莎士比亚的一句话要胜过引用奥卡姆剃刀："天地之大，赫瑞修，比你所能梦想到的多出更多。"

许多科学家接受或者（独立的）提出了奥卡姆剃刀定律，例如莱布尼兹的"不可观测事物的同一性原理"和牛顿提出的一个原则，即如果某一原因既真又足以解释自然事物的特性，则我们不应当接受比这更多的原因。奥卡姆剃刀以结果为导向，始终追寻高效简洁的方法，600多年来，这一原理在科学上得到了广泛的应用，从牛顿的万有引力到爱因斯坦的相对论，奥卡姆剃刀已经成为重要的科学思维理念。

企业管理

奥卡姆剃刀不断在哲学、科学等领域得到应用，使它进一步发扬光大，并广为世人所知的，则是在近代企业管理学中的应用。好的理论应当是简单、清晰、重点突出，企业管理理论亦不例外。在管理企业和制定决策时，应该尽量把复杂的事情简单化，剔除干扰，抓住主要矛盾，解决最根本的问题，才能让企业保持正确的方向。对于现代企业而言，信息爆炸式的增长，使得主导企业发展的因素盘根错节，做到化复杂为简单就更加不易。企业管理是系统工程，包括基础管理、组织管理、营销管理、技术管理、生产管理、企业战略，奥卡姆剃刀所倡导的简单化管理，并不是把众多相关因素粗暴地剔除，而是穿过复杂，走向简单。通过奥卡姆剃刀将企业最关键的脉络明晰化、简单化，加强核心竞争力。

策略投资

投资需要策略，在投资市场，太保守不行，太冒险也不行。投资市场是复杂的，不少投资者整天在忙忙碌碌地分析、研究和频繁操作，投入了大量精力，却依然难以应付市场中庞杂的信息。面对复杂的投资市场，应拿起奥卡姆剃刀，把复杂事情简单化，简化自己的投资策略，对那些消耗了大量金钱、时间、精力的事情加以区分，然后采取步骤去摆脱它们。

生活理念

作为一种思维理念，当然并不仅仅局限于某一些领域，事实上，奥卡姆剃刀在社会各方面已得到越来越多的应用。奥卡姆剃刀同时也是一种生活理念。这个原理要求我们在处理事情时，要把握事情的本质，解决最根本的问题。尤其要顺应自然，不要把事情人为地复杂化，这样才能把事情处理好。爱因斯坦说："如果你不能改变旧有的思维方式，你也就不能改变自己当前的生活状况。"当使用奥卡姆剃刀改变思维时，生活将会发生改变。在运用奥卡姆剃刀时应牢记爱因斯坦的一句著名的格言：万事万物应该都应尽可能简洁，但不能过于简单。如果将这一理念与中国儒家的中庸思想结合起来，那么会使我们的行为更趋于完美。

治理国家犹如烹制一条小鱼，如果不停翻动鱼身，就会变得破碎不堪。在治理国家的过程中，最忌讳政令繁出，朝令夕改，折腾得越多，就越会令政治陷入无序，百姓陷入困苦。治理国家如此，治理企业更不外如是，建立简洁、有序，符合企业发展规律的合理机制，会令其保持长期有效的运转。

最出色的音乐总是有着最为简单而又朗朗上口的旋律，最有效的礼法往往简单而又有力。无论在自然界还是社会领域，"简单"都是极朴素的法则。这一共性也得到古往今来众多伟大科学家的认可，他们都秉承大道至简的核心原则，认同所有科学理论最重要的核心基础就是简单的逻辑关系，是一切科学研究的伟大目标。任何事物越是简单，就越不容易发生紊乱，即使发生紊乱也比较容易纠正，把握客观规律的经营管理无疑是最佳的管理手段。

2. 求真务实

现代企业讲求效率优先，摒弃形式主义，"怎么好就怎么做"是企业发展的基本要求，也是经营管理过程中的有效办法。

"求真"，从字面上说就是追求真理，寻找事物发展的客观规律，是在科学理论与方法的指导下不断地认识事物的本质，把握事物的规律。既然涉及企业，也可以简单地理解为企业的核心竞争力。"务实"就是讲究实际，根据客户的需求开发相应的产品，根据环境的变化调整公司的战略。再好的产品和战略，脱离实际，也难以达到现实的成功。

做到求真务实，不仅要有愿望和热情，而且要有能力。求真务实是认识世界与改造世界的统一。坚持求真务实，贵在知行合一，言行一致，注重践履。要成为求真务实的忠诚实践者，必须有求真务实的能力。能力达不到战略实施要求，再美好的蓝图，终究是纸上谈兵。

三分战略，七分执行。执行力是求真务实的保障，是克服形式主义、简单粗放管理的"良药"。求真务实的"务"，就是"执行"。把企业理念、思路、战略、决策、规划和部署付诸现实，需要有效的执行力，执行流于空谈，梦想只是"空中楼阁"，执行敷衍塞责，效果适得其反。实干出真知，在不断执行中，了解求真务实的本质，把握事物发展的客观规律，务实和"悟"实相结合，才能把握复杂问题简单化的精髓。

3. 规划管理

顺应普遍规律，具备充分延展性的中长期规划，将为企业带来不可估量的良性效应。海尔公司在短短数十年内通过自身的稳步发展，加上收购一系列国际知名品牌，现已成为全球白色家电的第一品牌。它的成功很大程度上归功于其独有的"日清工作法"。

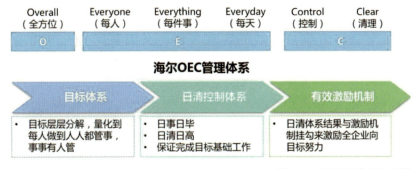

图 4.2 "日清工作法"流程

　　这是海尔公司长期以来坚持的经营方针，从本质上看，属于一个企业的长期规划。其内涵在于：一是"日事日毕"，即海尔公司每个细小环节，当天的工作必须于当天内完成；二是"日清日高"，即每天都要总结工作中存在的薄弱环节，争取每日都在效率上提高1%，在乘数效应之下，70天就能提升一倍的效率。

　　"日清工作法"诞生的前提是"斜坡球体定律"，也被称为"海尔发展定律"——企业在市场上所处的位置，如同斜坡上的一个球体，受到来自市场竞争和内部员工惰性而形成的压力，如果没有止动力，就会下滑。为使海尔在斜坡（市场）上的位置保持不下滑，就需要强化内部基础管理这一止动力。

　　"斜坡球体定律"犹如一把"达摩克利斯之剑"，悬于每一个"海尔人"的头上，作为解决方法，"日清工作法"的实质不能再简单了，只是每天完成工作，每天更进一步，这样的长期规划既符合事物发展的客观规律，又因其以"天"为单位，能够避开企业发展过程中容易陷入的"思维定式"。事实证明，"日清"、"日新"，的确是一个具有普适性的企业经营方法，值得更多的企业在经营中加以效仿。

海尔的"三本账"、"三个表"

"三本账"是指公司管理工作总账，分厂、职能处室的管理工作分类账以及员工个人的管理工作明细账。

管理工作总账是公司年度方针目标的一个展开实施对策表。它按工作的目标值、先进目标、现状及难点实施对策、完成期限、责任部门、工作标准、见证材料和审核办法的统一格式，将全公司的产量、质量、经济效益、生产率管理、市场产品和发展作为重点进行详细分析和分解，由总经理签发执行，按规定的标准和审核周期进行考核奖惩。

管理工作分类账是各部门、分厂年度方针目标的一个展开实施对策表。它采用与公司相同的格式，按工作分工和总账中确定的主要责任进行分析和分解，由部门负责人或分厂厂长签发执行。对职能部门，按其职能确定重点工作并分解到人。如质量部门，按质量体系、质量管理、现场管理、新产品和内部日清等方面进行分解和控制。对分厂则按产量、质量、物耗、设备计量、现场管理、安全和管理七个方面进行分解和控制。

管理工作明细账是工作控制日清台账，其格式为项目、标准和指标（分先进水平、上期水平、本期目标）价值比率、责任人、每天的完成情况、见证性材料、考核结果、实得总额和

199

考核人。此账按天进行动态控制，每天将控制的情况填入，以达到有效控制和纠偏的目的。

"三个表"是指日清栏、3E卡和现场管理日清表。

日清栏由两部分组成：一部分是在每个生产作业现场设立的一级大表，将该作业现场的质量、工艺纪律、设备、材料物耗、生产计划、文明生产和劳动纪律等方面的实际情况，每2小时由职能巡检人员登记填写一次，公布于众。另一部分是职能人员对上述七方面进行巡检时做的记录和每天的日清栏考评意见，将每天日清栏的全部情况进行汇总和评价，存档备查。

3E卡是指"3E日清工作记录卡"。"3E"为每天、每人、每个方面三个英文单词的开头字母。3E卡将每个员工每天工作的七个要素（产量、质量、物耗、工艺操作、安全、文明生产、劳动纪律）量化为价值，每天由员工自我清理计算日薪并填写记账、检查确认，车间主任及职能管理员抽查，月底汇总兑现计件工资。其计算公式为：岗位工资＝点数×点值×产量＋各种奖罚。这让每个人每天的工作有了一个明确的定量的结果，体现了数据说话的公正性和权威性，保证了各项工作的有序运作。

现场管理日清表，由各级管理人员在班后进行清理时填写，主要对例行管理的受控状况进行清理和分析，找出存在问题的原因、整改措施和责任人，不断提高受控率。

"日日清"的内容分为区域（生产作业现场）日清和职能日清。

区域日清主要包括七项内容，即：

（1）质量日清。主要对当天的质量指标完成情况、生产中出现的不良品及原因分析与责任人，所得红、黄质量价值券等情况进行清理。

（2）工艺日清。主要对当天的首件检验结果与其他工件（产品）指标参数的对比情况、工艺纪律执行率情况进行清理。

（3）设备日清。主要对设备的例行保养、设备完好状况和利用率及责任人等情况进行清理。

（4）物耗日清。主要对材料超耗部分按质量、设备、原材料、能源、人员素质等方面的原因与责任进行分类清理。

（5）生产计划日清。主要对生产进度及影响原因、实际产量、欠产数量、解决措施与结果、责任等情况进行清理。

（6）文明生产日清。主要对分管区域的定量管理、卫生、安全及责任进行清理。

（7）劳动纪律日清。主要是对劳动纪律执行情况进行清理。

上述七项日清内容，是在各职能人员控制的基础上，由区域上的员工进行清理，并把清理情况及结果填入"3E"卡。区域日清所要解决的主要问题是：各生产作业现场七项内容的受控状况；发生问题的原因及责任分析；员工当天工资收入测算。

职能日清，是各职能部门对本部门的职责执行情况进行的日清。它包含两部分：

一是生产作业现场，按"5W3H1S"九个因素进行控制性清理，对发现的问题及时填入相应区域的"日清栏"。

"5W3H1S"是：

（1）What：何项工作发生了何问题；

（2）Where：问题发生在何地；

（3）When：问题发生在何时；

（4）Who：问题的责任者；

（5）Why：发生问题的原因；

（6）How Many：同类问题有多少；

（7）How Much Cost：造成多大损失；

（8）How：如何解决；

（9）Safety：有无安全注意事项。

二是各职能部门的工作人员，按自己分工区域、分管职能的受控情况、问题原因的查找及整改措施的制定情况进行分类清理，填入个人的"日清工作记录表"。职能日清所要解决的主要问题是：找出问题的原因及改进措施；分析责任；变例外因素为例行因素；测算职能人员的工资类别。

简捷即高效

效能来自简单，简单管理的精髓就是效率。由此想起一则小故事：爱迪生让助手帮助自己测量一个梨形灯泡的容积。由于灯泡不是规则的球形，计算起来不那么容易。助手接过后，立即开始了工作，他一会儿拿标尺测量，一会儿计算，又运用一些复杂的数学公式。几个小时过去了，他忙得满头大汗，还是没有计算出来。爱迪生见状，拿起灯泡，朝里面倒满水，递给助手说："你去把灯泡里的水倒入量杯，就会得出我们所需要的答案了。"事情原来如此简单，问题迎刃而解了。企业经营管理同样如此，抓住最切中要害的关键点，并加以深入剖析，制定符合企业自身特点的发展方针，将会以最小的代价，产生最高的效率。

1. 明确定位

定位，就是确定坐标。企业定位是企业通过其产品及其品牌，基于顾客需求，将企业独特的个性、文化和良好形象，根植于消费者心目中，并占据一定位置。定位是顶层设计的重要环节。企业顶层设计在考虑定位之时，要避免"以内代外"，流程设计和职能安排要与客户定位相匹配，如果偏离经营定位，嵌入众多的主观臆断或内部管控要求，往往导致竞争力不强，客户体验不佳。

企业定位是一项涉及全局性、整体性的工程，要结合政策与外部经营环境分析、区域优势与利弊条件梳理以及内部人员构成和管理等要素加以综合评估和考量。20世纪30年代，上海开埠不过近百年，却逐渐成为远东地区最为重要的金融中心。上海近代的发展也有其定位，最初依靠的是津连江海、地接吴越、商通五洲的"地利"，逐渐成为远东地区商贸重镇，并促进了金融业的飞速发展。那时上海的银行业高度发达，处于一片"饱和竞争"的"红海"，但仍有一批独具特色的小型民营银行占据着属于自己的一席之地，或是开创出一片"蓝海"，凭借自身独特的定位，挖掘客户特定的需求，并以之为核心导向，扬长避短，独辟蹊径，打破既有模式的条条框框，在激烈的竞争环境中脱颖而出。

陈光甫是中国近代著名的银行家，1915年创办上海商业储蓄银行，始终以"服务社会，顾客至上"为宗旨，致力于银行近代化。短短20年间，就将仅有七八万元微薄资本，10余名员工的"小小银行"，打造为中国第一大私人商业银行，拥

图 4.3　陈光甫被誉为中国的"摩根"，
他经营的上海商业储蓄银行专注服务，堪称
华资私人银行的典范

有几十个分支机构。陈光甫也因此被誉为"中国最优秀的银行家""中国的摩根"。

陈光甫有其独到的管理眼光和方式，其对自己的银行作了精准的定位。

业务定位上，陈光甫基于该行规模小，便从小处着眼，从服务着手，从创新着力。1917 年，该行专门设立储蓄处，除仿效钱庄搞往来存款外，特别致力于小额银行储蓄存款的吸收，提出一元开户的模式。

服务定位上，陈光甫看到许多客户在大银行获得的服务体验不佳，以"人嫌细微，我宁繁琐"的理念，特别注重对顾客的细节服务。提出"服务顾客""顾客是衣食父母"等口号，来促进行员的服务态度提高，要求行员对顾客要有礼貌、要和蔼，如果行员得罪了顾客，那就要受到一定的训诫。后来甚至规定，行员在柜台上不能吸纸烟，因为这是不礼貌的。

创新定位上，陈光甫发现许多业务在中国仍然是一片空白，便不断开发出零存整取、整存零付、存本付息、子女教育储金、养老储蓄、礼券储金等新业务，甚至还开办了中国第一家旅行社——中国旅行社。当时国内办理旅游签证、购买飞机船票并不是很方便，陈光甫便通过开办旅行社，为客户提供各类代办业务，结果极大促进了上海商业储蓄银行外汇业务、留学贷款业务的发展，可谓奇招迭出，触类旁通。

陈光甫的成功，借助了上海这一时期社会稳定，商业高速发展的"天时""地利"，发挥了自身企业管理的先进理念，以客户需求为导向的定位，注重创新和服务，做到了"人和"，最终三者俱备，为中国近代金融史留下了浓墨重彩的一笔。

2. 严控风险

风险无处不在，无时不有，企业经营管理过程中，风险存在于每个环节。风险有大有小，有主有次，有可避免有不可避免。如何简单而高效地控制风险，关键是防止"就虚避实"。

首先要注重实质、淡化形式。要对风险点进行全面排查，确定核心的风险点，并严格加以控制，同时对各类制度和检查环节进行梳理，去粗取精，避免走过场和各种流于形式的做法。其次要做到风险可控、处理高效。风险问题不在于有无，而在于是否可控，这就存在一个"度"的把握。如何高效处理，主要靠不断寻找，及时发现风险和收益之间的平衡点。再次是不能因噎废食。在"噎"与"食"之间，"食"才是问题的核心，不能因为一时的"噎"，而不去"食"，或者给"吃饭"套上许多不合情理的监管条条框框，这种矫枉过正的方式是不可取的。

3. 分类管理

企业的管理分工有多种模式，有些企业采用扁平化管理模式，有些企业则采用垂直化管理模式。但不管哪种模式，简单而高效的管理分工，就是要避免"以统代管"，平衡好集中管理与分工管理的关系，在明确规范的前提下，强化分类管理、区别对待，激发经营活力。实践证明，企业规模越是庞大，"简单"就越是知易行难，越需要靠制度和文化来保障，最终达到"知行合一"的境界。

207

对于"统"和"管"的关系，应该从辩证的角度来进行理解。首先，"统"就是抓大，顶层管理者有顶层的管理和决策职责，团队负责人有团队的整体管理要求，没有"统"的管理，企业就是一盘散沙；其次，"管"是一种分工，各级管理者各司其职，各展其能，才有利于创造相对平等的工作环境，也有利于企业执行层的高效运作；最后，"统"和"管"应该是一种有机互动的关系，以统代管则僵化，以管代统则无序，统、管结合才高效。

简化则精准

企业管理事无巨细，往往令管理者感到千头万绪，置身罗网。如何把"网状图"变为"树状图"，则需要简化思路，去其"枝叶"，留其"主干"，直指问题的核心。善于攻战的人总是会因势利导，提醒我们企业经营过程中最为重要的莫过于选择正确的前进方向。企业经营抓住实质，好比打靶时刻瞄准移动的靶心。"靶心"就是现象背后的本质，事物发展的内在规律。经营管理，关键是要把握住"人"这个靶心，对外体现为客户"靶心"，对内则是员工"靶心"。

1. 客户需求

瞄准客户需求这个"靶心",核心是寻求和解决客户需求的规律性问题,只有紧盯客户需求变化,完善体制机制,不断为客户创造价值,让客户的体验满意度最大化,才能赢得市场。分享经济是近年出现的热门词汇,最贴近每个人生活的莫过于共享单车。中国号称"自行车王国",虽然人均骑车数量不如远在欧洲的荷兰,但 13 亿人的巨大市场,令自行车保有量位居世界首位。与此同时,中国的超大型城市在鼓励公交、地铁等公共出行的同时,又深受"最后一公里"的困扰。以此需求为基础推出的共享单车几如旋风一般席卷而来,通过低廉的价格和便利的操作深受城市居民的喜爱。移动支付与智能手机为共享单车提供了软硬件支持,精确瞄准客户需求是共享单车风靡的主因。

无独有偶,快递行业在中国的井喷,同样在于它们把握了客户需求中的"痛点"。随着网络购物的兴起,缓慢而效率低下的传统递送服务饱受诟病,消费者难以忍受与网购不相符的递送体验。在此基础上,一批物流快递公司顺势崛起,凭借快速、准确的递送效率和相对较高但仍在接受范围内的收费,深受消费者的认可。与此同时,行业内依旧存在差异化服务,大部分公司以低价换数量，少数公司利用高价换效率及口碑，两者相安无事，互相瓜分庞大的市场。这同样说明只要精准地锁定目标客户，就能在细分市场上获得一席之地，这个规律在各行各业都普遍存在。

2. 员工期盼

瞄准员工期盼这个"靶心"，只有真正了解员工的所思、所想，将广大员工的诉求作为工作的立足点和出发点，解决员工关心的突出问题和矛盾，为员工创造价值，汇聚源源不断的发展动力。在满足员工需求方面，华为显然走在了中国企业的前列。华为不但为其员工提供同行业内最为优厚的薪酬，同时还培育一种华为文化。

以其品牌追求为例，一是实现客户的梦想，成为世界级领先企业。二是在开放合作的基础上，独立自主和创造性地发展世界领先的核心技术和产品。三是以产业报国、振兴民族通讯工业为己任。根据马斯洛需求层次理论，人的需求包括生理需求、安全需求、社交需求、尊重需求和自我实现需求，从低级到高级依次排列，满足需求的顺序也同样如此。华为的员工首先凭借高额薪酬满足其生理和安全需求。与此同时，员工间基本相互平等，具备相近的话语权，不平等由薪酬部分来承担，这样形成的人人平等、团结协作又满足了社交需求和尊重需求。最后，华为志存高远的企业追求又满足了自我实现需求。如此这般，员工的需求得到最大程度的满足。

独特而睿智的人力资源体系，使华为吸引优秀的人才，让员工爆发潜能，令企业获得巨大成功，成为最具世界影响力的民族品牌。这也证明，在瞄准客户需求的同时，不忘满足员工需求，才是企业发展的根本。

第三节

没有"对错" 只有好坏

　　企业经营是一个不断做决定的过程，因时、因地、因人的相机抉择对企业发展会产生重大的影响。有一些选择对企业的成功或失败起到决定性作用，但更多的选择在事后并不能被证伪。倘若在一些重大问题上无法形成共识，凝聚成合力，就容易产生"负能量"，会影响到企业经营的结果和成员之间关系的和睦。在企业经营的过程中，对问题的认识，在于看问题的角

图 4.4　角度不同，结论不一

度不同，不是对与错的关系，而是好与坏的结果。管理者要充分调查研究、权衡利弊、协调各方关系，从实际出发，怎么好就怎么做。

信息需共享

1. 信息不对称是"双刃剑"

在日常经营活动中，信息不对称是一种常态，这是因为信息始终保持动态变化。企业一方面通过专业的、强大的信息优势为客户提供商品、服务和便利，从中赚取经营利润；另一方面，由于信息不对称，往往会把好客户挡在门外，差客户乘虚而入，导致企业产生结构转型缓慢、发展质量不高等问题。

同样一个信息，不同人可能会有不同的判断。半杯清水，有些人看做是"半满"，有些人看做是"半空"。认知的过程就是人们对信息的选择、整理、解释和重构的过程，或多或少会带上主观烙印。在组织管理学中，就有"首因效应""刻板效应""晕轮效应"等说法。这些都存在一定的认知误区。只有"多听""多看""多想"，充分调查研究，听取多方意见，掌握动态信息，才能绘制出客户、业务、人员等信息的"全景图"。

213

214

首因效应

首因效应是由美国心理学家洛钦斯（Lochins）首先提出，也叫首次效应、优先效应或第一印象效应，指交往双方形成的第一次印象对今后交往关系的影响，也即是"先入为主"带来的效果。虽然这些第一印象并非总是正确的，但却是最鲜明、最牢固的，并且决定着以后双方交往的进程。如果一个人在初次见面时给人留下良好的印象，那么人们就愿意和他接近，彼此也能较快地取得相互了解，进一步还会影响人们对他以后一系列行为和表现的解释。反之，一个初次见面就引起对方反感的人，即使由于各种原因难以避免相互接触，但对方会表现得很冷淡，在极端的情况下，甚至会在心理上和实际行为中与之产生对抗状态。

刻板效应

刻板效应，又称刻板印象，是指对某个群体产生一种固定的看法和评价，并对属于该群体的个人也给予相同的看法和评价。刻板印象虽然可以在一定范围内对某个群体做出判断和评价，不用过多搜索信息，能够迅速洞悉概况，节省时间与精力，但是往往会形成偏见，或者忽略个体差异性。人们往往把某个具体的人或事看做是某类人或事的典型代表，把对某类人或事的评价视为对某个人或事的评价，因而容易影响正确的判断，若不及时纠正，进一步发展或可扭曲为歧视。

晕轮效应

晕轮效应由美国心理学家凯利（H. Kelly）提出，又称"光环效应"，属于心理学范畴，是指当认知者对一个人的某种特征形成好或坏的印象后，他还倾向于据此推论该人其他方面的特征。本质上是一种以偏概全的认知上的偏误。

2. 实现信息的"融会贯通"

简洁、完整、结构是有价值商业信息的三个明显特征。简洁，就是把需表达的信息削减到受众最需要了解的三四点，如果必要，则应把这些内容写在纸上。口头沟通有时比书面文字沟通还要繁复，在张口说话之前要三思而行，减少不必要的表述。完整，即确保信息里包含受众需要了解的所有内容。通常要让信息接收方明白到底是怎么一回事，有时也可以包括自己的一些看法。结构，就是信息必须符合一定的结构，而这种结构对受众而言必须是显而易见，易于理解的。即便只是写简短的电子邮件或是留 30 秒的口信，简单的结构有助于信息容易被人理解。

变碎片为集成。随着信息技术的广泛应用，企业的很多经营数据分散在不同的部门，缺少有效的共享和整合，呈现出碎片化、局部化、低效化特征。因此，企业要加强信息的集中和共享，打造真正意义上的大数据中心，尽可能地消除信息不对称问题，为经营管理提供强大支撑。

变盲目为精准。如果缺乏对市场信息的有效掌握，市场营销就会存在很大的盲目性，"市场在哪里，市场有多大，具体怎么做，做了怎么管"，这些问题往往都不清楚。随着信息技术的发展，企业可以通过对资金流、物流和信息流"三流"的有效整合，实现更精准的业务营销和风险防控。

变粗放为精细。比如以前银行管理中很多时候凭感觉、靠经验来进行决策，随着 IT 大集中工程的实施，专业数据系统逐步建立和完善，业务的自动化、集约化、规范化运营水平不断提升，极大地推动经营管理精细化水平的提升。

顺势而作为

市场瞬息万变，企业要顺应事物发展的趋势和规律，审时度势、因势利导、主动布局，掌控竞争发展主动权。

1. 练好攻守式

从历史上的战争来看，进攻和防守既是一对矛盾，更是相辅相成的一种平衡，防守是进攻的基础，进攻是最好的防守。战国时期的"围魏救赵"，正是"以攻代守"的很好例证。齐军为了拯救在魏国进攻下奄奄一息的赵国，主动袭击魏国都城，迫使魏国撤回进攻赵国的军队进行自保，通过进攻代替防守，不仅出乎对手的意料，而且占据主动，效率更优。第二次世界大战时期著名的斯大林格勒保卫战，则是"防守反击"的转折点。二战末期，德军联盟在莫斯科会战遭遇失利后，调转枪头，全力进攻斯大林格勒。此时，苏军没有退缩，认定这会是一场决定战争走向的重要决战，因此部署了所能调配的军力与德军决一死战，最终大获全胜，不仅扭转了苏德战场的局势，成为二战历史性转折的标志。

从企业经营的实际看，竞争发展是主旋律，竞争策略都必须根据利弊来权衡。积极的进攻相比消极的防守，往往利大于弊。无论是拓展市场、营销客户，还是防控风险、消化不良资产，都不能消极被动，而要占据制高点，主动出击，哪怕一时采取防御姿态，那也是为了更好地发动下一波反击。

2. 做好加减法

市场竞争既考验企业"做蛋糕"的能力，又考验企业"切蛋糕"的智慧。做好新增市场的加减法，好比做蛋糕，随着外部环境的不断变化，传统业务的市场发展会遇到瓶颈，要积极拓展新的增长点。企业应将新产品研发推广、新市场营销拓展、新业务收入贡献作为一项重要工作和考核内容，不断提高创新业务收入占比，将蛋糕做大。做好存量市场的加减法，这就好比切蛋糕，蛋糕就这么大，你多切一块，别人就少一块。比如，针对存量的重点客户和业务，实施名单制管理，团队化营销，差异化服务，既能有效分散对手的进攻，又能实现有效增长，同时做好结构调整的加减法，坚持有进有退，以增量带存量，才能实现经营结构的不断优化。

换位再思考

换位思考是拓宽工作思路、提升工作效果的有效途径，也是解决问题、化解矛盾的有力手段。处理条块协调、部门联动、互动补台等经营管理中的难点问题，如果能够及时换位思考，增强全局意识，多从对方角度出发，站在大局的高度想问题，善于聆听不同声音和意见，多个角度综合考虑问题，更容易找到着力点和平衡点，把问题处理得更圆满，收到意想不到的效果。

1. 判断取舍

信息需要甄别判断，面对资讯"大爆炸"的时代，如果不加辨别、分析和判断，来者不拒，就会受很多无用甚至有害信息的干扰，导致决策失准。只有科学取舍，去粗取精、去伪存真，才能为经营管理决策提供精准制导。

善于把握重点，结合经营实际，加强信息"过滤"，剔除无关的、不重要的信息，找出对管理决策有重大影响的信息，提升信息质量。

善于捕捉热点，及时跟踪外部环境变化，寻找市场关注焦点和业务热点，迅速抢占市场先机。

善于分析提炼，加强对公开信息的深度挖掘，组建专门分析师团队，运用大数据分析，发现趋势性、规律性特点，为业务发展提供精确指导。

人们热衷于机遇，实际上，认识、把握和利用好机遇并不是很容易。一方面，机遇面前人人平等。现实生活中，往往有些人能够看到并抓住机遇，而另外一些人则视而不见、犹豫不决、错失良机，由此，两者的发展结果就大相径庭，差距也会逐步拉大。另一方面，机遇往往伴有挑战，甚至有些时候，机遇隐含于挑战之中，如果处理得好，就能化挑战为机遇，实现弯道超车。

2. 设身处地

这是人与人交往的基础，也是管理者必备的一项基本要求和管理艺术。企业经营发展至今，单兵作战、闭门造车都不可取。且不说如今互联网对企业经营的影响已甚巨，未来企业的形态和规模可能会发生更大的变化。如果管理者没有宽阔的胸襟和良好的大局意识，很容易陷入本位主义的误区，拘泥于本单位、本部门的视角去思考，打小算盘，算死账，这将影响到整体利益的最大化。

立足全局，将整体发展、员工立场以及客户利益一起考虑，聆听不同声音和意见，找到工作的着力点和平衡点。

了解员工诉求，就需坚持深入基层、广纳民意，从员工的批评抱怨中反思不足，改进工作，化解矛盾、缓解压力，解决员工的实际困难。

关注客户需求，就需真正以客户为中心，加快创新，优化产品流程，切实提升服务质量。

加强整合联动，就需打破部门壁垒与区域分割，密切条与块之间的协同配合，既有效发挥条线的专业经营优势，又充分激发基层的管理潜能，这样才能做到"全公司一盘棋"。

3. 因地制宜，权衡利弊

经营是"活"的概念。不同企业经营基础各不相同，经营环境也各有差异，这就需要企业实事求是，结合实际创造性地开展工作。如果企业照搬照抄，格式化经营，那么，往往导致该抓住的机遇抓不住。机遇稍纵即逝，一旦抓住一次机会，就能实现一次跨越，甚至终身受益；反之，丧失一次机会，就可能丧失竞争先机和未来的成长空间。经营实践中，"一次营销，改变命运"、"一次营销，终身受益"的事例很多，有些企业抓住了机遇，营销一个大客户，突破一个大项目，那么整个经营面貌就会为之改观，从而跃上一个新的台阶。

事物具有多重性，任何事都有利有弊，只有认真权衡，才能准确定位、因势利导。经营实践中，管理者常常面对两难或者多难局面，需要反复斟酌，权衡利弊，选择最优方案，实现

221

双赢或多赢，甚至有些时候只能"两害相权取其轻"。在复杂环境中，如何统筹兼顾，协调各方关系，对管理者提出了更高的要求：

处理好解放思想和实事求是的关系，遵循企业发展规律，从实际出发，既解放思想，大胆探索，又脚踏实地，合理控制风险，注重发展质量。

处理好整体推进和重点突破的关系，在统筹全局中突出重点，在突出重点中协调各方，抓住"牛鼻子"，学会"弹钢琴"。

处理好顶层设计和灵活创新的关系，既要从全局的高度加强顶层设计，破除制约发展的体制机制等因素，又要善于激发基层的积极性，开展突破创新发展的实践。

BBD&O 换位思考小故事

1960 年，本·达菲（Ben Duffy）在纽约有一家小型的广告代理公司。他听到消息说，美国烟草正在寻找新的代理商，所以他打电话给美国烟草的总裁，约定了面谈的时间。这可是一笔巨大的生意，如果做成，就能使本·达菲的小公司 BBD&O 一举成名。

达菲觉得他必须计划一下这次的会面。于是他去酒店租了一个房间，保证自己不受任何干扰。他工作了很久，但仍然没有找到突破口。最后，他自言自语道："如果我是美国烟草的总裁，我想知道代理商的哪些情况呢？"他马上坐下来，写出了一系列问题，然后他把这些问题削减为 10 个，并且都准备了答案。第二天，达菲被领进总裁的办公室，在拘谨的自我介绍后，他说："我想您一定想通过今天的会面知道我们公司的一些情况，所以我准备了 10 个问题，也许您希望知道答案。""真是太有趣了，"总裁回答说："我做了同样的事情，您愿意和我交换一下各自所列的问题吗？就现在。"达菲知道这将是决定生意成败的一个动作，他同意了。当他看了总裁所写的问题时，非常惊奇地发现他们列出的问题非常相似。这时总裁说道："我看了一下，10 个问题中有 7 个是一样的。"达菲表示同意。总裁接着说："我觉得我们有基础可以进行讨论，得出一个双赢计划。"就这样，BBD&O 这家小公司得到了这笔价值百万美元的生意，如今 BBD&O 已经成为世界上最大的广告公司之一。

第五章

团队为赢

　　合抱之木，生于毫末；九层之台，起于累土。现代企业的技术、营销、管理等工作越来越综合化、复杂化，单靠个人力量无法快速完成，要求组织成员之间进一步相互依赖、相互关联、共同合作。现代企业管理，团队建设的重要性日渐凸显，并在企业经营中发挥着越来越重要的作用。

聚力泰山移

众行者远，同欲者胜，民齐者强。

个人力量有限，团队力量无限。团队即由员工和管理者所组成，拥有相同的理想与目标，相互作用，相互依赖，并分享成功的共同体。

一定意义上说，没有完美的个人，只有完美的团队。团队的构建必须充分考量个体的优缺点，将不同类型的成员充分捏合，避其所短，展其所长。

人凑一起是聚会，形神合一成团队。团队力量的迸发，需要共同的使命意识、爱岗敬业的奉献精神、有效合作的责任担当、持之以恒的坚定信心。

共舟共济，众志成城

众行者远

使人行者　身先行之

企业欲发展，首先靠员工。对经营管理者来说，充分调动员工的积极性，尽可能发挥他们的潜力，是引导企业进入向上通道的第一要务。语言的力量固然有效，身体力行更令人信服。管理者以行动作表率，员工自然对其信服，并以相应的表现作为回应。

1. 亲力亲为

"领导"就是带领引导，为人表率。动嘴不动手，谈不上称职的领导者。成绩是做出来的，不是吹出来的。管理者应身先士卒，拿出动真碰硬的精神，一抓到底的作风，带头冲锋陷阵，攻坚克难，不达目的绝不罢休。

　　管理者和员工的关系如同将领与士兵，居高位者身体力行，不惜拼杀在第一线，员工自然看在眼里，记在心里，愿意全身心地为管理者提供自己的全部能量。经营企业的过程伴随着机遇和风险的双重考验，只有精准地分析利弊，勇于、敢于作出判断，善于、乐于承担风险，愿与手下的"兵"一同战斗的经营者，才真正称得上称职的管理者。

"工作狂"乔布斯

　　乔布斯有个令人走避的恶名：地狱来的老板。他对团队的要求很高，也无法忍受不够聪明的员工。在他最著名的每周一马拉松式会议里，他会和相关团队检查整个事业体，包括上周公司卖了哪些产品，每一个还在发展中的商品，每一个遇到瓶颈的设计，一件一件仔细检查讨论。人们一定都很纳闷，为什么还是有无数精英愿意跟在地狱来的老板身边做事？因为他创造了一个环境，在这里你可以完成其他地方无法完成的事。比如，苹果电脑推出的任何一款电脑，其独特支持在于操作系统与硬件之间的完美结合。苹果几乎是业界唯一兼顾设计软件与硬件的企业，大部分电脑使用的操作软件与硬件厂商是没有交集的。但也因为这项优势，苹果可以发展从里到外更符合使用者需求的产品。要找到最佳员工很难，想自己培养出优秀员工也不容易，最好的办法，就是像乔布斯一样，亲力亲为，和参与者一起完成梦想。

2. 拍板定夺

拍扳，即管理者对经营中的重大事项下决心作决策。决断意识和方法是否符合客观实际，堪称决定企业经营成败的"分水岭"。

集思广益。按照规定的程序和制度要求，明确决策目标，直面议事的重要环节，畅所欲言，充分听取各方意见。坚持实事求是，具体问题具体分析。常规问题按规则进行决策，特殊情况，特事特办，个性化处理。抓住主要矛盾，防止头绪不清，偏离决策方向。

正确判断。在决策之前，要对内外部面临的形势进行认真分析研究，把握趋势，运筹帷幄，对事物本质属性及相互之间的关系，做到心中有数。及时采纳真知灼见，找出关键要素，权衡利弊，反复推敲，在得出结论的基础上，制定切实可行的战略和战术。

当机立断。根据客观环境变化，掌握大量可靠的信息依据，通观全局，见微知著，主动应变，勇于创新，切忌犹豫不决，贻误战机。善出妙招，在若干对策措施中，选择可操作性最佳的方案，抓住有利时机，出奇制胜。并在实践中及时总结经验，改进不足，引领企业走向新的成功之门。

3. 企业家精神

企业家是企业生存发展的基础，其精神内涵十分丰富，其中奉献是本色、敬业是动力、创新是灵魂。企业家精神是企业家的特质，表现为经营理念和行为方式。企业家精神是企业的无形资产和主要驱动力，是永不满足，追求卓越，挑战极限，将自身优势、能力，以及将资源发挥到极致的一种状态。

鲁冠球先生是我国改革创业的先驱，现代企业创新发展的引领者、实践者，也是一位非常受人尊敬的企业家。

我与先生有缘相识，一见如故，按中国传统的十二生肖排列同属猴，他长我一轮，可谓我的良师益友。我在浙江工作期间，我们有多年的来往，除工作联系之外，约定每年一定要安排时间，通过座谈会等形式，专题交流沟通情况，共商银企发展大计，共享改革创新思想。他的远见卓识和博大情怀给我留下深刻印象：

爱国敬业，具有强烈的社会责任感，坚信改革开放道路，深谋远虑，不畏艰险，勇于探索，经营管理见解独到、智慧非凡。

敢为人先，追求卓越，视事业如生命，持之以恒，以顽强的毅力和无私无畏的精神，积极进取，开拓创新，站在时代前沿。

荣辱不惊，顺逆如常，以万事归零的态度，看待成就和荣誉；以如履薄冰的意识，防范经营风险，展示了崇高的思想境界。

以人为本，谦虚谨慎，平易近人，把员工作为亲人，将人才看成基业，始终不懈地践行"企业美好愿景"就是企业家终生的奋斗目标，集中体现了人民企业家的高风亮节。

2017年10月25日惊闻鲁冠球先生与世长辞，深感悲恸！

谨以此寄托哀思。

鲁冠球传奇人生

鲁冠球被誉为商界"不倒翁"、民企"常青树"、浙商的"教父"。其凭借创业的勇气，坚定的信念，广阔的视野，永不止步的精神，成就了传奇的人生。

1969年7月，鲁冠球带领6名农民，集资4000元，创办宁围公社农机厂，迈出了开拓创业的第一步。他以"奋斗十年添个零"、年均 25.89% 的增长业绩，把这间"铁匠铺"，经营成为拥有 4 万名员工，营收超千亿、利润过百亿的现代化跨国企业集团。

创造了多个第一：1983 年，"让一部分人先富起来，先富带动后富"的口号，肯定了非国营企业家存在的合理性。他抓住机会，成为萧山县承包企业的第一人；1984 年，拥有世界上最多万向节专利的美国舍勒公司代表在广交会上相中万向，并在此后签下 3 万套订单，万向产品首次走出国门；1988 年，他以 1500 万元向宁围镇政府买断万向节厂股权，使万向成为当时还颇受争议的民营企业；1992 年，浙江万向集团公司成立；两年后，"万向钱潮"股票在深交所上市，成为全国第一家上市的乡镇企业；2001 年，他一举收购了纳斯达克上市公司 UAL，开创中国乡镇企业收购海外上市公司的先河。

布局超前，20 世纪 80 年代改革开放初期，就制定了"立足国内，面向国际"的工作方针。他是国内汽车领域探索的"先行者"。我国新能源汽车产业政策于 2009 年出台，但至少在政策出台的 10 年前，"万向系"就已经开始了相关领域的探索。与很多企业匆忙上马的新能源汽车项目相比，他早已想在先，做在前了。"我这一代成功不了，我儿子也要继续；儿子成功不了，我孙子继续。"这是他毕生追求的"造车梦"。

"坐在办公桌前，我心里才踏实！"这是他生前的座右铭。"一切都是赶出来的"，是他经常挂在嘴边的名言。超越常人的勤奋，是他取得成功的秘诀。他每天早上5点10分起床，6点50分到公司，晚上18点45分回家，19点看新闻联播、焦点访谈，20点处理白天没有处理完的文件，21点左右开始看书看报看资料，大约到22点30分感到疲倦的时候，冲个澡再继续学习，直到零点才睡觉。别人每周工作五天，他一年365个工作日；别人一天工作8—9小时，他每天工作16—17个小时以上。他天赋很好，是一个非常敏锐的人，但仍然坚持每天阅读、学习四五万字的信息。他一直工作到72岁，相当于别人工作到120岁。

很多人向他请教，如何做到基业长青，他的回答是："时刻保持清醒的头脑。"他说，企业家不能"满了口袋，空了脑袋"。他在企业战略设计和管理上有一套自己摸索出来的行之有效的方法，他归纳总结后说："万向并不是一开始就有了既定的总体战略，而是在企业发展的过程中观察、思考、总结、学习再实践、再试错、再设定战略。在这个过程中，又将战略拆分为大战略和子战略，大目标和子目标，狠抓执行力。"万向集团在发展中也有很多失败的案例，他说，农村有句话，你只看到和尚吃馒头，没看到他受戒。受的苦只能往肚子里咽，诉苦有用吗？得不到帮助，可能还会被人歧视。所以，吃亏自己知道，好了大家分享。还是那句话，事情不是讲的，有时候也不一定讲得清楚，一定要做出来给大家看。

历经数十年的持续发展，旗下"万向系"有 20 余家上市公司，产业遍布世界各地，不仅实现了对国内汽车零部件产业的高度整合，还成功组建起包含汽车、新能源、农业、地产、金融等诸多领域在内的庞大"帝国"。2017 年胡润富豪榜，鲁冠球家族以 490 亿元位列综合第 37 名，汽车行业排第一，"万向系"业绩蒸蒸日上，开创了一代浙商的奋斗奇迹。

追求卓越，永不满足，是企业家精神的显著特点，其实质是超越自我的价值取向，挑战未来和极限，成为积极进取的巨大动力。以巨大的工作热诚，崇高的道德观念，用最优的方式形成尽可能完美的结果。

挑战现状。安于现状是追求卓越的大敌。一些企业获得一定程度的成功后，滋长了"差不多"的毛病。这些看似微不足道的"差不多"，逐渐叠加起来就会变得"差很多"。如果"小富即安"，自然江河日下。只有更新观念，积极进取，不断超越，才能带领员工开拓市场竞争的新大陆。

精进成长。有效成长比成功更为重要。主动打造动态成长的良性循环，保持积极向上的态度，弥补可能存在的问题，为长期成功奠定基础。

一是观察思考。关注竞争对手动向，洞悉市场环境变化，掌握企业经营氛围，了解员工心理状态。精准分析有效信息，思考适合自身发展实际的途径，保持敏感嗅觉，适应变化，良好判断，快速决策，为企业勾勒出切实有效的发展宏图。

二是养成习惯。学习有效管理手段，向良师益友取长补短，转化为企业经营的良好习惯。对照自身发展规划，与业界精英沟通交流，及时发现企业存在的缺陷。规范员工日常行为，完善制度办法，确保企业运转有序连贯。

三是砥砺前行。不畏艰难，不怕失败，坦然面对艰难险阻或阶段性失败，从中吸取宝贵的经验，化危机为机遇，化失败为动力，打磨企业在困难条件下坚持不懈的品质。

自省自警。保持正确方向"航标灯"。追求卓越是初心，自省自警就是获得成功的必要途径。古人云："吾日三省吾身。"常抱反思和警示之心，有助于管理者正确审视自我、避免陷入不利境地。

危机意识，吸取他人失败的前车之鉴，警惕重蹈自己过往的覆辙，深刻认识个人能力的长短优劣。安思危、乐思忧，前思后、进思退，得虑失、成虑败，保持发展过程中的忧患感。

237

如履薄冰，注意洞察经营管理过程细节、听取多方建议，调查研究、慎重决策、稳妥执行。避免骄傲自满、感觉良好的情绪。梳理细节，寻找经营管理中不易察觉的漏洞，及时弥补风险易发和重点领域的薄弱环节，遏制倾向性、苗头性的问题，形成预警机制，防患于未然。

管理者易　领导者难

企业的经营管理者身居要位，处于企业人力资源结构的顶端，拥有与职位相应的权力。但想要成为令企业上下信服，愿意追随其后，与之一同努力奉献的"领导"则并非易事。如果管理人员作风扎实，深入基层，与员工打成一片，就会赢得尊重，反之，就得不到认同。失去了人心，指挥失灵，不仅自己受罪，也直接影响企业的成长效率，无法正常履行职责。对管理者而言，正确认识权力观、能力观和威信观，对于树立真正意义上的"领导"地位，具有重要的意义。

1. 权力本源

搞清权力及其来源问题，对领导者正确把握权力至关重要。权力是职责范围内的支配力量。简单地说，企业经营管理中的权力是一种支配力，然而这种支配力究竟为谁服务是领导者无法回避的问题。事实上，权力是企业组织构成中相应赋予的决策权限，并非意味着领导者与员工就有多大的鸿沟，只是职务不同，掌握的权限有所差异罢了。从这个角度讲，领导者应该树立一种"为员工打工"的理念，员工是企业真正的主人，是企业的核心资本，权力的实质就是对员工的责任。虽然权力的来源会因为企业的性质不同而有所区别，但无论国企、外企还是民营企业，一家企业的领导者手握权力，就应当同时承担相应的责任。领导者手中的权力，在企业经营中，就是一种加快发展、增加经营绩效，为实现企业愿景而努力的使命。

2. 德才兼备

"德才兼备，以德为先"是选拔领导者的品行标准，也是构成领导者非权力性影响力的前提因素。"德"即为人品行，立身之本，事关人的价值观和世界观。选拔领导者，如果品德不正，行为不端，即使业务能力强，经营业绩好，一旦选拔使用，就会产生巨大的管理负能量，后果不堪设想。只有正派公道，以德服人，不断提高修养，才能得到员工的信赖和敬重。

"才"是做事能力，立业之基。作为领导者，应具备两种素质：既会管理又会实干。善于借助外力，发挥集体智慧，又能亲力亲为，创造优良业绩。有些领导者待人诚恳，也想干事，但经营绩效总是上不去，这样的领导者只是好人，而不是能人，难以服众。员工评价领导，不是看你口号叫得有多响，主要是看你为员工做了什么，创造了什么业绩，这是企业管理领导力的重要标志。只有经营业绩出色，才能为集体赢得荣誉，为企业发展做出贡献，让员工得到更多实惠。

3. 树立威信

领导者如何树立自己的威信，是企业各级管理者需要深入思考的问题。现实中，有些领导者习惯对基层员工发号施令，似乎职位高低有别，高人一等，这样的行为极易引起反感。另一些领导者，不注重自身形象，有了成绩骄傲自满，好大喜功，脱离员工，一个人说了算，久而久之就会丧失威信，难以立足。现代企业管理已经将"领导"更多地体现为一种服务关系。某种程度，领导者的威信来自高水准的服务，他的服务意识和服务能力决定着管理的质量、发展的效果。

领导者威信有权力、才智、品德三个层次，品德威信处于顶端位置。权力威信，就是以领导位置的权力使得下级服从其指令，看似简单，也容易操作，但未必使员工从口服到心服，效果可想而知；才智威信是领导者以自己的能力引导下属，告诉下属做什么、应该怎么做，是一种较高层次的管理方式，但也有缺点，就是领导者的能力、才干必须高于员工，而员工也只是遵令办事，难以发挥主观能动性；品德威信则是领导者以高尚的人格去感化下属，把共同愿景转化为团队集体主动的行为，这是一种领导艺术，员工的才干能力无论比领导者强或弱，都会自觉主动尽力地去做工作，把事业干得非常出色。但现实工作中，有些领导者往往只注重权力威信，管理效能适得其反。领导者真正的威信和地位是其正确履职，得到员工广泛认同的基础上实现的。因此，树立威信，要求领导者做到：

严以律己。以身作则，起好带头作用，要求别人做的，首先自己做到。

宽以待人。"宰相肚里能撑船"。宽容他人他事，给人更多

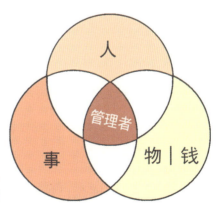

图 5.1　管理者处于企业中心位置，
协调人、财、物，实现三者的动态平衡

的发展机会。

敢于担当。产生问题和矛盾，发现困难和挑战，先从自身找原因，勇于尽责担当。

业绩为王。通过创造良好绩效来赢得员工的尊重，造福一方，尽自己的能力把事情做到最好。

接受监督。"夹着尾巴做人"，自律自省，接受监督，鱼和熊掌不能兼得，不该得的坚决不得。

"其身正，不令而行，其身不正，虽令不从。"领导者的品行，关系到人心向背，事关企业发展的命运。

孤举者难起　众行者易趋

中国文化博大精深。2000多年前，春秋战国时期已提出民本思想，以"仁""和"为核心，构建了一个弘扬人本精神的个人管理、社会管理和国家管理的思想体系，与现代企业人本管理理念一脉相承。民本思想的精髓是"仁政德治""以和为贵"，对现代企业管理有深远的影响和积极的借鉴意义。

1. 尊重是前提

尊重员工的理念已被很多企业奉为圭臬，当尊重需要得到满足，员工就会对自己充满信心，对工作满腔热情，就能体验到自身在社会中的作用和价值，这是"尊重"之所以在现代企业管理中如此被推崇的重要原因。在工作中，上级和下级之间信息的交流，可以增强彼此的信赖感和了解程度。上级体察到了下级的所干所思、才华能力，运筹帷幄时就能够知人善任，人尽其用；下级理解了上级的心理活动，吃透了意图，干起工作来就会得心应手，事半功倍。

管理者首先要学会尊重员工，包括尊重员工的人格、尊严、建议、要求等，只有尊重员工、信任员工，员工才能放手大胆地工作，才能拿出百分之百的积极性去工作。尊重员工，尤其要尊重企业中普通员工的创造性建议，激发出他们想干事、想创新、想创造的积极性。

其次，分派工作时，要从最低层级的员工往上指派。管理者不应一味指派工作，也要懂得沟通。让授权成为支持员工、鼓舞士气的最佳工具。

再次，当员工工作遇到困难时，管理者应主动为员工排忧解难，增加员工的安全感和信任感；当工作中出现差错时，管理者应勇于承担自己应该承担的责任。尊重既是用人的高招，也是激励员工的妙方。

2. 坦诚是基础

"诚以待人，无物不格。"做人贵在坦诚，坦是坦荡，诚则是真诚，不论待人接物还是经营企业，都应该坦诚相待。诚者，成也。欲成就事业，必须拿出诚心。德则得、诚则成、渔则鱼，极富哲理。"品格德行，立身所贵"。一个管理者的人格，靠上级封不出来，靠权力压不出来，靠自己吹不出来，靠耍小聪明骗不出来，只有用自己的一言一行才可以逐步树立起来。管理者要用实实在在的品格去赢得人，用自己的非权力因素去取信人，用自己克己奉公、光明磊落的行为去影响人。具体来讲，管理者应做到"三诚"：

一是对企业要"忠诚"。"人有信则立，事有信则成"，信与被信的评价标准都是忠诚。中国自古就是一个强调忠诚的国家。之所以提倡忠诚的理念，是因为它维系着一个组织存在的体制保证，是组织赖以生存和发展的根基。"忠诚"是对一个人生活中所扮演的各种角色是否合格的检验标准，是惠及他人的一种大德。人各有所事，便应各有所忠。作为企业的一员，就要忠诚于公司，作风上过硬，不做违背自己职业操守、有悖做人做事原则的事，严格遵章守纪，保守商业秘密。

二是对同事要"真诚"。在一起工作是一种缘分，也是一种福分，要倍加珍惜。在工作中，提倡大事讲原则，小事讲风格，共事讲团结，办事讲协作；对同事要常怀体谅之心、真诚之心、友善之心，多交流，多沟通，消除隔阂，以民主的决策，公正、公平、务实的作风，使大家始终保持彼此信任、心情舒畅、和谐奋进的精神状态，努力形成心往一处想，劲往一处使，全身心地投入到各项工作中去，精诚团结干事业的强大合力。

三是对员工要"热诚"。孟子说过："民为贵，社稷次之，君为轻。"作为企业管理者，从自身做起，树立"为员工打工"的意识，捧出真心，献出真情，做到思想上尊重员工，感情上贴近员工，行动上深入员工，工作上依靠员工，这样才能构建一个和谐的工作氛围。用热情暖民心，善于换位思考，把员工的事情当成自己的事情，把员工的困难当成自己的困难，主动服务员工，保持耐心，一视同仁，能赢得员工的信赖和支持。

3. 沟通是关键

沟通，是人与人之间的思想和信息的交换，是将信息由一个人传达给另一个人，逐渐广泛传播的过程。现代企业管理的过程，实际上就是沟通的过程。企业的日常管理工作包括业务管理、财务管理、人力资源管理等，这些都需借助于管理沟通

245

才能得以顺利进行。没有沟通，就没有管理，没有沟通，管理只是一种设想和缺乏活力的机械行为。沟通是企业组织中的生命线。好像一个组织生命体中的血管一样，贯穿全身每一个部位、每一个环节，促进身体循环，提供补充各种各样的养分，形成生命的有机体。

从企业管理现实情况看，99%以上的矛盾都是由于信息不对称产生误会而引起的。因此，遇到问题进行充分沟通、面对面交流是化解矛盾的有效方法和手段。大家在一起工作，难免有些磕磕碰碰，或对人对事有不同的意见和看法，应该当面锣、对面鼓，开诚布公地进行沟通交流，把问题看法摊开来讲，以消除误解，增进了解，加深友谊，不能听信传言、背后猜忌。

多沟通要比少沟通好。沟通就像烤牛排，火候不到，就会半生不熟，火太大，肉就会烤煳。沟通也是一样，要么是说得太多，要么是交流不够，很少能恰到好处。然而，和烤牛排不一样的是，多沟通要比少沟通好。沟通不足会导致信息不充分，进而出现错误，还会使团队成员游离于信息链之外，产生距离感，从而对团队的信念发生动摇。沟通过度的成本往往也是"机会成本"：本可以把时间用在一些能够获取价值增值的工作上，而现在却不得不用来过滤和吸收信息。

良好的内部沟通是团队运作成功的关键因素，这既包括自上而下的沟通，也包括自下而上的沟通。只要大家开诚布公进行交流，把问题摊开来讲，就能够在企业管理中发挥"润滑剂"的作用。

4. 补台是责任

解决了"尊重、坦诚和沟通"，补台就是很自然的事情，上下齐心就能达成很好的默契和配合，就没有做不好的事情。如何才能做好相互补充？

首先是正直。就是要襟怀坦荡、光明磊落、堂堂正正、心底无私，这样才会有服众的底气和被尊敬的资格，才能真正做到"不诱于誉，不恐于诽"。

其次要宽容。有人说，世界上最广阔的是海洋，比海洋广阔的是天空，比天空广阔的是人的胸怀。这话很有哲理，人的内心蕴藏着很大的包容性，越是宽容他人，就越容易获得尊重。冰释前嫌可以换来理解，换来和睦，换来友谊，耿耿于怀只会让人与人之间的距离越来越远。当然，宽容并不是无原则的，而是在坚持原则的基础上，给他人以足够的空间和改过的机会，做到宽厚而又严肃，柔和而又坚定。

再次要交心。就是要互相理解信任，上下之间，同事之间，以心换心，以情换情，真心相对，真情相待。要交心不戒心，同心不离心，有长处互相学习，有短处互相提醒，有难处互相帮助，有错处互相批评。唯有如此，企业上下才能做到相互配合不掣肘，相互信任不猜疑，相互支持不拆台，相互体谅不推诿。

第二节

同欲者胜

《孙子兵法》在现代企业管理中被广泛推崇和应用，其中有一句"上下同欲者胜"。军事上，将士同心同德、目标一致是胜利的保证，推及现代企业经营，就是形成共同愿景，心往一处想，才能劲往一处使。

制定发展愿景

"共同愿景"是凝聚在人们心中一股令人深受感召的力量。刚开始时可能只是被一个想法所激发，一旦发展成感召一群人的愿景时，就不再是个抽象的东西，人们开始把它看成是具体存在的。在人类群体活动中，很少有像共同愿景那样能激发出这样强大的力量。

共同愿景最简单的说法是："我们想要创造什么？"愿景是

249

人们心中或脑海中所持有的意象或景象，共同愿景也是组织中人们所共同持有的意象或景象，它创造出众人是一体的感觉，并遍布到组织的全面活动中，进而使各种不同的活动融汇起来。

当人们拥有共同的愿景时，这个共同的愿望会紧紧将他们结合起来。个人愿景的力量源自个人对愿景的深度关切，而共同愿景的力量则源自人们共同的关切。人们寻求建立共同愿景的理由之一，就是他们内心渴望能够归属于一项重要的任务、事业或使命。

共同愿景对组织发展是至关重要的，因为它为学习提供了焦点与能量。在缺少愿景的情形下，充其量只会产生"适应型的学习"（adaptive learning），只有当人们致力于实现某种他们深深关切的事情时，才会产生"创造型的学习"（generative learning）。

"愿景"对公司管理者而言，是个熟悉的概念。但如果企业愿景是一个人（或一个群体）强加于组织上的，那么这样的愿景最多博得服从而已，不是真心的追求。共同愿景应是团体中成员都真心追求的愿景，也应该是个人愿景的总交集。

1. 孕育无限的创造力

组织的共同愿景是组织全体成员发自内心的愿望，如果全体成员都把这一共同愿望当作自己努力的方向，那么它将会对全体成员产生长久的激励，进而焕发无限的创造力。

一是让员工分享管理者创造的愿景，由此建立起利益共同体。许多世界知名企业的愿景往往是由一位善于规划梦想的专家，或是一位"教父"级的人物提出。但是仅有管理者一个人的想法是远远不够的，只有企业各级员工真心接受，真诚分享，才是一个企业共同的愿景，它将凝聚所有人的智慧和能量，并能够在完全不同的人中建立起一体感。

二是愿景激励员工战胜对手，激发员工创造力的迸发。许多共同愿景是由外在环境刺激而形成的，例如，许多世界著名企业都有自己永远的对手。

在与对手竞争中取得优势地位，需要依靠企业共同愿景激发创造力。如果企业目标只限于击败对手，那么这种力量仅能维持短暂的时间。一旦目标达成，心态就会转为保持现有地位即可。这种只想保持暂时领先的心态，难以唤起员工建立长久的创造力和热情。真正的企业管理高手，比较注重内心对"卓越"所定义的标准，而不仅限于"击败其他所有的人"。这两种类型的愿景是可以共存的，但是依靠只想击败对手的愿景，并不能长期维持企业的力量。

三是愿景唤起希望。企业共同愿景会唤起员工的希望，特别是内生的共同愿景。工作变成是在追求一项蕴含在企业产品或服务之中、比工作本身更高的目标。比如提出为全人类带来某种变革，或是引领全球某种文化，这些都是共同愿景所唤醒的比单纯市场竞争更高层次的目标与追求。

四是愿景使企业跳出庸俗，产生创造火花。大部分企业的日常工作往往是单调和周而复始的，每天面临的竞争和压力，令人应接不暇。但是具有愿景的企业，却可以把自身从这些"俗务"泥潭中带领出来，创造性地开展工作。

五是愿景改变员工与企业的关系。企业的共同愿景会改变员工与企业的关系。公司不再是"他们"的公司，而是"我们"的公司。共同愿景是使互不信任的人一起工作的第一步，并产生一体感。企业员工所共有的目标、愿景与价值观，是构成共识的基础。一项针对杰出团体的研究表明，它们最显著的特征是具有共同愿景与目的。在特别出色的团体里，任务与每个员工已无法分开，或者说，当个人强烈认同一项任务时，定义这个人真正的自我，必须将他的任务也包含在内。

2. 愿景的强大驱动力

共同愿景自然而然地激发出勇气，这种勇气会大到令所有人都吃惊的程度，并化为实现愿景的各种必要行动。1961 年，美国总统肯尼迪宣示了一个愿景，它汇聚了许多美国太空计划管理者多年的心愿：在 10 年内，把人类送上月球。这个愿景引发出无数勇敢的行动。20 世纪 60 年代中期，麻省理工学院的 IK 实验室是美国太空总署阿波罗登月计划惯性导航系统的主要承制者。计划执行数年后，该实验室的主持人才发现他们原先的设计规格是错误的。虽然这个发现令他们十分困窘，因为该计划已经投入了数百万美元，但是他们并未草草提出权宜措施，反而请求太空总署放弃原计划，从头来过。他们所冒的险不只是一纸合约，还有他们的名誉，但是他们没有别的选择。他们这么做，唯一的理由是基于一个简单的愿景：在 10 年内，把人类送上月球。为了实现这个愿景，他们义无反顾。

20 世纪 80 年代中期，在几乎所有小型电脑公司都投向 IBM 个人电脑阵营之际，苹果公司却坚持它的愿景：设计一部更适合人们操作的电脑、一部让人们可以自由思考的电脑。在发展过程中，苹果公司不仅放弃成为个人电脑主要制造厂商的机会，也放弃了一项他们领先进入的创新技术：可自行扩充的开放型电脑。这一策略后来被证明是对的。苹果公司最后发展出来的麦金塔电脑，不仅更容易使用，同时也成为新的电脑工业标准，让使用个人电脑成为一件快乐的事。

如果没有共同愿景，就不会有学习型组织。如果没有一个

253

拉力把人们拉向真正想要实现的目标，维持现状的力量将牢不可破。愿景就是建立一个高远的目标，以激发新的思考与行动方式。共同愿景是一个方向舵，能够使企业在遭遇混乱或阻力时，继续遵循正确的路径前进。企业发展是困难而艰辛的，但有了共同愿景，学习型组织将更有可能发现思考中的盲点，放弃固守的看法，更容易承认和面对个人与组织的缺点。比起企业努力想要达到的目标的重要性，上述所有的困扰似乎都微不足道。

3. 创造明天的机会

随着现代管理理论的不断发展，企业家对发展的认识更加客观全面，更注重企业发展的稳定、协调和可持续。因此，在制定发展规划时，既要抢占机遇，加快发展，同时又要兼顾中长期的经营目标，以求打造长久成功的企业。企业发展实践告诉我们，短期的成功往往是运气使然，长远的成功则需多种因素共同作用，"百年老店"更是凤毛麟角。据统计，美国中小企业的平均寿命不到 7 年，跨国公司的平均寿命为 10—12 年，而在中国，中小企业的平均寿命仅有 2.5 年。在激烈的市场竞争中，一些企业为了应对迫在眉睫的存亡问题，难以平衡短、中、长期之间的关系，导致短期看似有效的方法，从长远看往往事与愿违，舍本逐末。

策略规划（strategic planning)，是指由高级管理人员负责规划制定公司使命、组织目标、基本政策及策略，以规范达成组织目标所需的资源使用管理。从企业长期发展规划的角度，策略规划应当具备前瞻性的思考，要以长远的眼光，充分考虑尚未发生而可能发生的一切情况。需要时刻保持危机意识，针对可能发生的危机，提前制定应对策略；始终秉承创新理念，在相关领域尝试寻找新的机遇，抢占市场先机；坚持培养后备人才，充分发挥新鲜血液在企业中的活跃性，为未来发展谋篇布局。

255

从典型的策略规划制定来看，有时迫于生存压力，会偏向于强调分析竞争者优劣势、市场机会及公司资源等，但是这会对培育长期行动所必须的共同愿景带来一定的负面影响，实际上这也是企业缺少系统性规划导致的后果。

平衡好短、中、长期目标的关系，是做好系统性规划的关键。短期目标重在激励，中长期目标重在导向。短期目标的实现会激励员工共同努力，中长期目标的实现又是短期目标的不断累加。当企业发展遇到困境或瓶颈时，应适当调整短期目标，并以中长期目标来凝聚人心，指明方向，使员工始终充满希望，为企业共同愿景的实现提供源源不断的发展动力。

图 5.2　美好愿景引领发展宏图

　　虽然"愿景"在企业管理中备受瞩目，有时也被视为一种神秘的、无法控制的力量。但是，只要把握企业发展规律、了解市场，扬长避短、准确定位，形成共识、统筹规划，企业愿景的实现将会水到渠成。

世界知名企业愿景

　　迪士尼——成为全球的超级娱乐公司。

　　惠普——为人类的幸福和发展作出技术贡献。

　　波音——在民用飞机领域中成为举足轻重的角色，把世界带入喷气式时代（1950 年）。

苹果电脑——让每人拥有一台计算机。

IBM——无论是一小步，还是一大步，都要带动人类的进步。

通用电器——让世界更光明。

索尼——为包括我们的股东、顾客、员工，乃至商业伙伴在内的所有人提供创造和实现他们美好梦想的机会。

宝洁——长期环境可持续性。

麦当劳——控制全球食品服务业。

微软——计算机进入家庭，放在每一张桌子上，使用微软的软件。

福特——汽车要进入家庭。

耐克——体验竞争、获胜和击败对手的感觉。

沃尔玛——给普通百姓提供机会，使他们能与富人一样买到同样的东西。

摩托罗拉——保持高尚的操守，对人永远地尊重。

3M——永远寻求用创新方法解决未解决的问题。

花旗集团——一家拥有最高道德行为标准、可以信赖、致力于社区服务的公司。

谷歌：Googl用户体验团队致力于创建有用的（useful）、快速的（fast）、简单的（simple）、有吸引力的（engaging）、创新的（innovative）、适合大众的（universal）、有益的（profitable）、漂亮的（beautiful）、值得信赖的（trustworthy）、个性化的（personable）的应用。

麦肯锡——帮助杰出的公司和政府更为成功。

华为——聚焦客户关注的挑战和压力，提供有竞争力的通信解决方案和服务，持续为客户创造最大价值。

联想——未来的联想应该是高科技的联想、服务的联想、国际化的联想。

（据网络资料整理，排名不分先后）

258

形成共同意志

1. 鼓励个人愿景

共同愿景是从个人愿景汇聚而成，借着汇集个人愿景，共同愿景获得能量和培养行愿。就如同汉诺瓦保险公司的欧白恩所观察到的："我的愿景对你并不重要，唯有你的愿景才能够激励自己。"这并不是说人们只需在乎自己个人的利益，事实上，个人愿景通常包括对家庭、组织、社区，甚至对全世界的关注。欧白恩之所以强调个人对周遭事物的关注，是由于真正的愿景必须根植于个人的价值观、关切与热望中。这就是为什么对共同愿景真诚的关注是根植于个人远景的。这个简单的道理如果被忽略，企业往往只能建立一个短期的共同愿景。

有意建立共同愿景的企业，必须持续不断地鼓励员工发展自己的个人愿景。如果人们没有自己的愿景，那么他们所能做的就仅仅是附和别人的愿景，结果只是顺从，绝不是发自内心的意愿。而原本各自拥有强烈目标的人结合起来，就可以创造强大的协同效应（synergy），进而朝向个人及团体真正想要的目标迈进。"自我超越"是发展"共同愿景"的基础，这个基础不仅包括个人愿景，还包括忠于真相和创造性张力。而共同愿景能产生远高于个人愿景的创造性张力。那些努力去实现崇高愿景的人，都是能够掌握创造性张力的人，也是对愿景有明确的了解，并愿意持续深入探寻真实情况的人。正是因为体会过创造性张力的力量，所以他们深信有能力创造自己的未来。

在鼓励个人愿景时，企业还必须注意不应干涉员工的自由。不应将管理者的愿景强加给别人，也不能强迫他人发展愿景。然而，企业可以通过正面的引导来创造鼓励个人愿景的氛围。比较有效的方法是由具有愿景意识的管理者，鼓励员工分享企业的愿景。这是愿景的管理艺术：从个人愿景趋向建立共同愿景。

259

2. 折射整体图景

对于如何结合个人愿景以创造共同愿景，有一个较贴切的比喻就是全息摄影术（hologram），这是一种以交错的光源创造出三度空间图像的摄影术。

如果分割一张照片成两半，每一半只能显示出整个图像的一部分，但是如果分割一个全息底片，则每一部分仍然不折不扣地显现整个影像。当继续分割全息底片，不论分割得多细，每一部分都仍然能显现出整个影像。相同的，当一群人都能分享组织的某个愿景时，每个人都有一个最完整的组织图像，每个人都对整体分担责任，不仅只对自己那一小部分负责。但是全息底片的每一小片并非完全相同，因为每一小片都代表从不同角度所看到的整个影像；就如同从窗帘戳几个洞看过去，每个洞都提供一个特有的角度来观看整个影像。同样的，每个人所持有的整体愿景也都有其不同之处，这是因为每个人都有独自观看大愿景的角度。

如果把全息底片的各个小片组合起来，整体影像基本上并未改变，毕竟每一个片段都有个整体的图像，但是图像却会越来越清晰、真实。当有更多人分享共同愿景时，愿景本身虽不会发生根本的改变，但是愿景会变得更加生动、更加真实，因而每个人都能够在心中想像愿景逐渐实现的场景。从此他们拥有了伙伴，拥有了"共同创造者"，愿景不再单独落在某个人的肩上。当人们最初创设孕育个人愿景时，人们可能会说那是"我的愿景"，但是当共同愿景形成之时，就变成既是"我的"也是"我们的"愿景。

企业学习建立"共同愿景"这项修炼的第一步，就是放弃愿景总是由高层管理者宣示，或是来自企业制度化规划过程的传统观念。

3. 聆听融汇构想

在团体中，要达到彼此的愿景真正的分享及融汇，不是一蹴而就的事。共同愿景是由个人愿景互动成长而形成的。经验告诉我们，企业愿景的形成需要经过不断地沟通，如此员工不仅能自由自在地表达自己的梦想，同时学会聆听他人的梦想，在交流中逐渐形成更好的共同的愿景。

彼得·圣吉（Peter M.Senge）是"学习型组织之父"、十大管理学家之一。他于1978年获得博士学位后，一直致力于发展一种人类梦寐以求的组织蓝图——在其中，人们得以在工作中得出生命的意义，实现共同愿望。他将系统动力学与组织学习、创造原理、认知科学、群体深度对话与模拟演练游戏融合，透彻领悟了其导师深奥理论的要义，同时着力使系统动力学的要领简单化、通俗化和可操作化，从而发展出了影响世界的"学习型组织"理论。

学习型组织理论认为，企业持续发展的源泉是提高企业的整体竞争优势，提高整体竞争能力。未来真正出色的企业是使全体员工全心投入并善于学习，持续学习的组织——学习型组织。通过酿造学习型组织的工作氛围和企业文化，引领不断学习、不断进步、不断调整的新观念，从而使组织更具有长盛不衰的生命力。

彼得·圣吉认为，管理者需要重点"修炼"的其中一个方面，就是群体的"深度对话"。"深度对话"是强调管理者要懂得提高组织中人与人之间沟通交流的质量和效率的方法。这种"深度对话"，区别于一般聊天或者谈话，而是"聆听"与"沟通"的有机结合，并且是一种需要专业的方式和技巧，一种360度全方位信息交互的人际沟通模式。

在大数据时代，大到世界，小到企业，都呈现出明显的扁平化趋势和特征。时代在改变，管理方式也需要与时俱进，传统的沟通方式需要加以变革才能更好地适应新的环境。传统的观念中，管理者通常以为，通过命令可以指导下属取得进步，提高工作效率。其实，过度的指挥并不是一件好事，反而会让下属变得麻木甚至产生反感，被动式工作不是员工想要的状态，没办法主动加快工作进度，反而影响了工作。而学会"聆听"和"沟通"，则管理者能够真实了解企业中所有成员的想法，只有通过不断反馈、不断完善融合，最终才能形成企业共同的愿景。

聆听往往比说话还难，尤其对那些有定见、意志坚强的管理者，更是如此。聆听需要不凡的胸襟与意愿来容纳不同的想法，这并不表示企业必须为了"大我"而牺牲"小我"的愿景，而是说管理者必须先让多样的愿景表达出来，并用心聆听，从中找出能够超越和统合所有个人愿景的正确途径。就像一位成功的企业家所形容的："我的工作，基本上就是在倾听组织想要说些什么，然后以清晰有力的方式把这些话表达出来。"

4. 投入奉献准则

在企业发展的初期阶段，很少有像"奉献"（commitment）这样的词能够深受管理者的青睐。曾经有做过研究的美国学者认为，大多数美国工人奉献感很低，又听到许多国外竞争者的工作团体奉献精神很高的故事，之后，采取了所谓的"奉献管理""高奉献工作系统"等方法。不知道这些美国学者是否意识到了"人人为我，我为人人"的道理。其实，奉献是彼此相互而为的关系，管理者不为员工考虑，员工自然无法拥有奉献精神。在现实企业组织中，真正的奉献仍然少有。依照通常的经验，90%被认为具有奉献精神的，可能大多数只是形式上"遵从"（compliance）而已。

管理者常常以交易的心态要求员工持有共同愿景。于是愿景就像一件商品，我付出，你获得。然而，付出（selling）的行为与"投入"（enrolling）的行为背后有着很大的差异。付出的行为会因为"价格"而改变，投入的行为则含有自愿选择的意思。

投入是一种选择成为某个事物一部分的过程，而奉献则是一种境界，不只是投入，而是心中觉得必须为愿景的实现负全部责任。比如管理者对某件事投入，是一种极自然的过程。对管理者而言，是源于其对愿景真正的热忱，对别人而言，则是由于管理者愿意让其他人自由选择而发生的。必须注意的是：

管理者自己必须投入：如果自己不投入，就没有理由鼓励别人投入。强迫推销不能得到他人诚心的投入，最多只会产生形式上的同意与遵从。更糟糕的是，它可能埋下对未来不满的种子。

对愿景的描述必须尽可能的简单、诚实而中肯：不可夸大好的一面而藏匿有问题的部分。

让别人自由选择：管理者不必强行说服别人认同某一愿景的好处，因为当管理者试图说服他人投入时常被视为意图左右他人，因此反而会阻碍别人投入。越是让人自由选择，人们越是觉得自由。因此管理者必须有足够的耐心和诚心，给员工充分的时间与安全感来培养他们自己的愿景意识。

在投入与奉献方面，管理者面对的最大难题是，所能做的实在非常有限，因为它涉及个人的自由选择。上述准则只能营造适于引发投入与奉献的环境，却无法确保一定有投入的行动，而要达到奉献的境界则更难，任何强制行为最多只会产生遵从。

5. 融入全业理念

建立共同愿景只是企业的基本理念之一，其他还包括使命、目的以及核心价值观等。当这些基本理念合而为一，就形成整个企业的信仰，这就是"全业理念"。

融入全业理念，首先需要追寻愿景，其意义在于一家企业从上至下共同追寻一个大家希望的共同创造未来的景象。

追寻愿景的意义简单的深刻：企业的目的或使命，是企业存在的根源。有使命感的企业都不限于只满足股东与员工的需求这一目的，而是希望对这个世界有所贡献。

在达成愿景的过程中，核心价值观是一切行动、任务的最高依据和准则。这些价值观可能包括正直、开放、诚信、自由、机会均等、精简、实质成效、忠实等。当一个企业在向愿景迈进时，它期望全体成员在日常生活中也能将这些价值观作为行事的准则。

这三项企业基本理念合而为一，便形成企业全体的信仰，它引导企业勇往直前。当松下的员工背诵公司的信条"体认我们身为实业家的责任，促成社会的进步和福祉，致力于世界文化进一步的发展"时，他们是在描述公司的存在宗旨。当他们唱着公司的社歌"将我们的产品如泉涌般源源不断地流向全世界的人们"时，他们也是在宣示公司的愿景。他们接受公司内部的训练计划，课程包括"公平""和谐与合作""为更美更善而奋斗""礼貌与谦逊""心存感谢"等主题，学习公司精心建构的价值观。

6. 建立系统思考

把所处理的事物看做一个系统，不仅要看到其中的组成部分（元素或子系统），还要看到这些部分之间的相互作用，并从总体的角度把系统中的人、物、能量、信息加以处理和协调，这就是系统思考。打个比方，就是既见"树木"，又见"森林"，还见"生态"。如果没有系统思考的配合，那么在形成共同意志的进程中就会缺乏正确的方法引领。愿景描绘的是我们想要创造的事物，系统思考揭示的是目前的状况是如何产生的。

以点到面。这与辩证唯物论所提倡的要全面看问题相一致。凡是系统性问题和重大事项都是由各方面的多重因素决定。看问题要全面，不能只从单方面看。如用系统思考的方法来看待愿景问题，就是要立足于企业的全部工作，这样才能得出实事求是的结论。尤其是在共同愿景实现的进程中，一定存在很多管理者尚未认识到的系统结构及杠杆点，以至于他们并不知道该从何处着手来改善问题。很多时候会以为自己的问题是由"外界"的某些人或"系统"所造成的，其实要真正了解问题和解决问题还应该结合内部、外部情况进行全面分析。

267

以静为动。一个人、一个组织、一件改革的事项都是在一个动态系统中运转，自然界和人类社会的一切事物，都在发展变化，"静止"是相对的，"运动"是永恒的。愿景也一样，虽然愿景是一段时间内相对固定的一种认识，但仍必须不断动态思考企业的发展情况，防止愿景的僵化、固化和陈化。

由表及里。系统的运转速度有快有慢，尤其是对某些运转速度很慢的系统，要耐心地拉大时空范围，了解其全貌，准确把握它的本质。如果仅在一时一地观察一个系统，看到的仅仅是这个系统丰富多彩的全貌中的一个小小侧面，有时这个小小的侧面所反映的现象与事物的本质差距甚远，甚至完全相反。当然也不是说所有的现象都与本质无关，有些现象是本质的反映。本质存在于现象之中，这就要求人们把现象看作是入门的向导，透过现象抓住本质，这才是科学的分析方法。如果对愿景问题的本质把握不深，采取非根本性、创造性的改变，那么事件的发展只会排除真正的愿景，而留下空洞的"愿景宣言"。

第三节

民齐者强

"民齐者强",语出战国荀子的《议兵》,文章指出攻战之本在于人民的支持。人民齐心合力,国家就强盛。"民齐"二字,强调的是团结的重要性,团结就是力量。现代企业的"民",就是企业员工,齐心协力,团结一心,形成凝聚力、向心力、战斗力,企业才有发展和强大的基础。企业经营管理,必须以人为本,紧紧围绕"民"字做文章。

员工是发展基石

基石,形象地说,就是用于奠定基础的石材,基石坚固,则大厦稳定。企业发展壮大需要员工的辛勤工作,搭配企业经营者的精心布局,才能形成合力,创造实绩。只有成就员工,企业持续发展的基础才能坚实稳固。

　　让员工参与经营。企业的每个岗位、每个团队，都是由具体的人来组成的。每个员工都最熟悉自己的岗位，作为经营管理者应深刻认识员工劳动的重要性，充分发挥所有员工的积极性来帮助公司发展，员工自然就会在工作中主动提供各种方案和建议，在工作中积极承担起自己的责任，为一个共同的目标而努力。

　　帮助员工追求幸福。员工并不是机器上不吃不喝的螺丝钉，而是生存于现代社会大环境中的人。人类社会发展至今，参加劳动、从事职业依旧是大多数人获取日常生存、生活必需的物资，或是获得地位、荣誉、尊重、幸福感等的需要。为了保证员工的稳定，企业应该将为员工谋幸福放在重要的位置。

　　关注员工全面发展。员工发展是一个综合的概念。这个发展，既有收入、物质上的发展，也有事业、成就上的发展，更有情感、认同上的发展。但归根到底，基石跟大厦永不分离，发展员工就是发展企业，成就员工就是成就企业。

1. 发展的动力源

　　"人"，具有思想性、可塑性和创造性，是一切发展的动力源泉。狭义上的"人"，即"企业员工"，是现代企业中最重要的生产因素，而广义上的"人"，即"人民群众"，更是改变这个世界最为根本的力量。中国新民主主义革命的伟大实践，对现代企业管理同样具有重要的指导意义。

经历了长期艰苦卓绝的斗争，中国共产党确立了毛泽东的领导核心的地位。1945年党的第七次全国代表大会，将毛泽东思想正式确立为全党的指导思想，并写入党章。

"为人民服务"是毛泽东思想的重要观点之一，毛泽东于1944年在张思德追悼会讲话中提出，并最终成为中国共产党的宗旨，成为党的最高价值取向。是否实现人民的利益，得到广大人民群众的拥护，是衡量党的路线、方针和政策正确与否的最高标准，这也是中国共产党90多年来奋斗历程的基本经验之一。

1941年毛泽东在《改造我们的学习》中，对"实事求是"作了解释："实事"就是客观存在着的一切事物，"是"就是客观事物的内部联系，即规律性，"求"就是我们去研究。①

在党的七大，毛泽东在《论联合政府》的报告中提出："以马克思列宁主义的理论思想武装起来的中国共产党，在中国人民中产生了新的工作作风，这主要的就是理论和实践相结合的作风，和人民群众紧密地联系在一起的作风以及自我批评的作

---

① 《毛泽东选集》(第三卷)，人民出版社1991年版，第801页。

风。"① 这是党第一次明确把理论联系实际、密切联系群众和批评与自我批评确立为党的三大优良作风，标志着党的三大优良作风的正式形成。其中"和人民群众紧密地联系在一起"，即一切为了群众，一切依靠群众，从群众中来，到群众中去的党的群众路线。

"为人民服务""实事求是""理论联系实际""群众路线"这是中国共产党不断取得胜利的"法宝"，回答了一个政党关于"依靠谁""为谁服务"和"如何服务"的关键问题。

在企业管理层面，美国著名管理学家卡耐基（Dale Carnegie）从人际关系学的角度提出过这样的描述："如果把我的工人带走，把工厂留下，那么不久后工厂就会生满杂草；如果把我的工厂带走，把我的员工留下，那么不久后我们就会拥有一个更好的工厂。"企业管理学家的观点，同样阐明了企业和员工之间的关系，究竟何为根源。

"人民，只有人民才是创造世界历史的动力"②，是一个政治家对"人"是发展的动力源泉的精辟论述，而企业管理者，也充分认识到企业员工是企业生存发展的根本所在。将员工作为企业发展的动力源头，需要得到充分重视。要着眼于保障员工

---

① 《毛泽东选集》（第三卷），人民出版社 1991 年版，第 1093—1094 页。
② 《毛泽东选集》（第三卷），人民出版社 1991 年版，第 1031 页。

当家作主的权利和合法权益，满足员工精神文化需求，提高员工精神生活质量，不断丰富员工的精神世界，增强员工的精神力量。要着眼于协调好各方面的利益关系，增强企业的创造活力，充分调动员工投身发展建设的主动性。

2. 大厦的建设者

高楼万丈平地起，企业远大宏伟的经营目标，是基于员工有机参与各项生产管理工作，以无数个具体小目标的实现而累积完成的。每个员工都是企业百年大厦的建设者，怀揣美好憧憬，以信念和责任为原始动力，并通过生产劳动、建言献策、展示形象等方式带动企业朝着目标持续发展。

生产劳动是建设企业"大厦"的基础。大楼的拔地而起，离不开每一位建设者脚踏实地、夜以继日、兢兢业业地"添砖加瓦"；企业的每个岗位有序运转、不断产生效能，依赖每个员工发挥主人翁意识，将自身利益和企业发展的目标有机结合，一步一个脚印，做好本职工作。发展无止境，山再高，只要坚持总能登上顶峰；路再长，都能由员工的辛勤劳动来实现。

优秀的建设者，不满足于机械地完成眼前的工作，而会站在更高的层面，不断审视和思考如何将"大厦"建造得更趋完善。敢于突破陈旧观念是重要的创造性思维，调动建设者的首

273

创精神，集中其智慧和力量，使企业"大厦"的品质得到不断提升。

有形的物质成果累积，需要精神气质和文化风貌加以展示推广，大厦建设者的形象和精神风貌，造就百年企业大厦一面闪亮的"金字招牌"。

3. 成果的共享者

大河有水小河满，大河无水小河干。彼得·德鲁克（Peter Drucker）曾经在对"管理的任务"的经典论述中，把"实现组织机构的特定目的和使命（对于企业来说就是取得经济绩效）""使工作富有生产力并使员工有所成就""管理组织机构的社会影响和社会责任"三项目的和使命放在同等重要的地位，是非常有道理的。这三者关系是企业经营管理中系统平衡的关键所在。

员工既是企业发展的动力源和建设者，当然也应该是企业发展成果的分享者。员工通过发展企业，可以分享企业经营发展带来的物质收益，分享企业对员工个人能力提升的培养，分享企业发展带来的精神层面的满足等。企业员工职业发展通道的建立，可以为每一位员工提供一份个人在企业中发展的蓝图，使员工了解个人成长的方向、方法和标准，有利于激发员工的成长动力，提高员工个人职业发展曲线与企业发展曲线的一致性，增强员工的归属感和信心，还可以有效地支持企业员工梯队建设，使企业明确了解每一类团队人才的成长路径，便于找到梯队人选，从而制定接班人计划，有针对性地保留员工、选择员工、培养员工。

稻盛和夫的人本理论

日本管理学大师稻盛和夫曾经提出"阿米巴"管理模式，就是以员工为企业基石的典型。稻盛和夫，世界著名的企业家、管理学家，在日本被称作"经营之圣"。作为两大世界级企业（京瓷和KDDI）创办者，他有着自己独到的经营哲学，并在50年的时间内亲身实践。其广为人知的经营管理手法被称为"阿米巴式经营法"。"阿米巴"又称变形虫，其身体可以向各个方向伸出伪足，使形体变化不定，故而得名。变形虫最大的特性是能够不断进行自我调整来适应所面临的生存环境。稻盛和夫用"阿米巴"来形容他的小集体管理。

"阿米巴"指的是工厂、车间中形成的最小基层组织。这是一种全员参与型的经营体系，每位员工都要充分掌握自己所属的阿米巴组织目标，在各自岗位上为达到目标而不懈努力，在其中实现自我。

1959年稻盛和夫创立京瓷公司，当时只有28个人。第二年招聘了10个高才生——高中毕业生。他们工作了一年，突然跑到稻盛和夫那里要求改善待遇，还写下了血书，如果不能保障他们的未来，他们就辞职！他坐下来，将心比心跟这些员工谈话。谈判持续了三天三夜，最后他把刀子往桌上一拍说："我要用我的生命做赌注，为了大家过上好日子，我会去维护好这个公司。如果我是为了自己的私心杂念而经营公司，你们可以砍死我！"

最后，大家总算信服了。说服了那些要辞职的人，却没有说服他自己。稻盛和夫苦思冥想了几个星期以后，终于想明白了：年轻员工是把自己的一生托付给了公司，所以公司的首要目的就是要保障员工及其家庭的幸福。我必须带头为员工谋幸福，这是我的使命！

1968年，体现稻盛和夫"敬天爱人""以心经营"思想的《员工手册》问世。稻盛和夫把追求员工及其家庭的幸福作为公司第一目标。位列第二的目标是追求协作商的员工及其家庭的幸福，第三目标是为了客户，第四目标是为了社区，第五目标才是为了股东。

实施民主化管理

民主化管理是管理者在"民主、公平、公开"的原则下，将管理思想进行传播，协调各组织各种行为达到管理目的的管理办法。它是以人为本在企业管理中的具体化。实行民主管理，唤醒企业员工的主体意识，弘扬主体精神，发挥主体能力。

在现代企业管理中，如果管理方式陈旧老套，依旧实行"一言堂"的形式，一切都是管理者说了算，员工只能听命行事而没有选择和发言权，企业不仅会缺乏活力，员工更会缺乏动力，发展方向将发生偏移，久而久之，坠入恶性循环的轨迹。

"兼听则明，偏信则暗"。广开言路，实施民主管理，兼听广纳是企业管理明智的选择。

1. 群策群力强化执行

在传统概念里，企业"决策"仅局限于公司高层管理人员，通常情况下，员工在某项决策出台之前毫不知情，甚至大多数中基层管理人员被蒙在鼓里。然而，决策公布后，却被要求在最短的时间内把描绘于纸上的蓝图转化为现实。

可想而知，这种传统框架里的"决策"漏洞百出，严重制约了执行的效果。首先，决策靠少数人"拍脑袋"，容易出现决策错误。其次，由于缺乏员工基础，决策的执行力不足。无论决策看似多么微小，都将直接影响到组织的整体表现。

员工参与到决策的制定中来，就能深入理解决策内涵，明白决策的重要性，知道应在哪些方面为实现该决策贡献力量。当然，必须建立必要的制度和办法，通过培训，让员工具备足够的判断和审视能力，熟悉公司的整体经营面貌，对财务报表及数据等决策依据有所了解。企业拟定改革发展战略，出台重要制度办法，尤其是与员工切身利益相关的考核、分配、用人等制度办法时，更要注重让员工参与决策，先民主，后集中，严格遵循规定的流程，在力求规范透明的前提下，创造符合实际的公司文化，使员工能清晰地看到自己对整体组织的价值贡献，企业成员的目标一致，就能获取巨大的执行效率。

图 5.3　集思广益提高执行的有效性

2. 民主管理凝聚人心

员工参与管理，要有适合自身实际情况的组织形式，形式可以多样，避免"无政府状态"。职工代表大会是员工参与民主管理，行使权利和义务，积极参政议政的一种高效方式。

一是加强职代会的制度建设，落实好职代会的各项职权。要制定职工代表大会的相关制度、办法，明确职工代表的权利和义务，确定履职的方法和步骤，增强制度的可操作性。

二是要做好职代会的筹备工作，从职工代表的选举、组成结构、履职能力等方面进行科学合理的设计和安排，让代表更有代表性。

三是做好提案征集工作，提高提案质量，征集广大员工最

图 5.4　民主管理激
发员工的能动性

集中最迫切的诉求，鼓励建言献策。

四是做好决议的落实，做到议而有决，决而有行，行而有果。

企业民主管理的渠道畅通，员工更加积极参与到企业管理中，好的建议、发自内心的声音，都会通过职工代表传递到企业高层，为企业顶层设计和总体决策的制定，提供宝贵的信息和参考依据。

3. 员工监督提高效能

企业所创造的效益凝聚着全体员工所付出的辛勤劳动，企业有责任和义务保障好员工的主人翁地位，让员工的积极性得到有效发挥。员工监督权的行使，既是员工主人翁地位的体现，也是维护企业全体员工利益不受损害的重要保障。

俗话说，员工的眼睛是雪亮的，他们处在企业的各个层面，不同岗位，对管理者的表现最清楚，感受最直接，评价最有说服力。企业要积极为员工搭建监督平台，使监督工作扎根员工，形成每个员工能监督、会监督、敢监督的良好局面，真正发挥企业监督工作的实效。

让员工开展监督，就要实行公开制度，通过职工代表巡视、企业事务公开栏等，确保企业的考核激励、资源配置、员工福

图 5.5　参与监督确保制度的完善性

利等重大决策得到有效执行。要不断提高员工维权参政的素质，除了加强学习和辅导外，更要畅通监督渠道，丰富监督形式。管理者要亲临企业第一线，倾听基层声音，体察民情民意，及时解决工作中的问题，遇到困难主动说明情况，员工的监督职能得以有效行使，使矛盾迎刃而解。

最大限度正能量

人性化管理是企业经营最大限度正能量的有效途径。从本质上说，是针对人的思想"稳定和变化"进行管理的战略思维。由于人本身是动态的个体，个体的状态永远随着环境变化而变化，因而在管理之时，若忽略个体本身的特点和变化而保持不变的管理方式，则会令管理效率大大降低。

人性化管理至少包括三个方面内容，一是把员工视为首要的生产力和经营发展的主要依靠对象，充分发挥他们的主观能动性和工作创造性。二是注重人性要素，充分考虑到人的价值、尊严、权利、思想和欲望等因素，全方位了解员工的心理和情感诉求。三是挖掘人的潜能，建立有效的激励环境，努力激发员工的工作热情，营造良好的经营氛围。

1. 修炼自身

"没有不合格的员工，只有不称职的管理者。"经营管理者，履行职责，成就事业，"打铁还需自身硬"，首先要练好基本功。

心态良好。从古人造字对"態"字的独具匠心来看，下面的"心"字越大，所"能"承载的东西就越多，反之则难以为继。心态就像一杆秤，一边是现实，一边是期望，也就是对自己和外界的定位，如果两者偏离太多，就容易造成心态失衡。对管理者来讲，解决好"我是谁、为了谁、依靠谁"是其正确履职的必要条件。只要把自己定位为服务者，为企业发展大局服务，为全体员工服务，就会多一些公心，少一些私利，多一些感恩，少一些抱怨，多一些淡定，少一些浮躁。

换位意识。这是人与人交往的基础，也是管理者必备的一项基本要求和管理艺术，只有善于站在员工的立场，站在客户的利益，站在其他部门的角度思考问题，善于聆听不同声音和意见，才能寻找到工作的着力点和平衡点。

豁达宽容。人人都会犯错，管理者应有区别于员工的思想境界，经营管理中出了问题，要有"问题出在员工，根源出在管理者"的意识。对员工应多一点包容，少一些苛求，多一些体谅，少一些责怪。管理者只有得到员工内心的认同，才能激发有效管理的正能量。

2. 带好团队

团队，即工作集体，由员工和管理层组成，是通过合理利用成员的知识和技能，为了一个共同目标而奉献的一群人。企业的市场竞争发展实践证明：个人的能力是有限的，团队的力量是无穷的。现代企业要有所作为，越来越需要团队管理。只有将个人的能力特长融入团队，产生彼此之间的优势互补，才能凝聚合力，实现团队价值的最大化。

追求共同目标。带好团队，要有共同的目标引领；积极进取、符合客观实际的奋斗目标，往往能促进团队成员焕发经营活力，保证竞争策略的有效运行。此时，团队工作代表的是一系列鼓励成员成长、倾听他人意见、积极回应他人观点、支持个人兴趣、成就他人价值的共进过程。由此营造了团队成员相互信任、相互依存、相互影响，为追求集体成功而努力的良好氛围。

形成有机整体。团队力量的有效发挥是赢得竞争的必要条件。其基础工作方式，除了需要独立完成工作任务的能力，还要有与他人共同合作的能力。如果对团队成员没有协同工作的要求，则团队绩效仅是成员个人绩效的总和；而如果团队协同作战，则团队绩效在源于团队成员个人贡献的同时，会远大于团队成员个人贡献的总和。由此可见，一支高效团队的形成，需要在分工、协作和整合上形成一个有机的整体，团队成员充当独有角色时，必须具有高度的团队意识，唯有这样，团队才能在激烈竞争的条件下蓬勃发展。

具备奉献精神。团队建设的奉献精神，既是一种态度，更是一种行为。它的核心是为团队发展敬业奉献，其精髓是成员共同承诺、共同承担集体责任。打造团队核心竞争力，赢得市场主动权，过去"跑单帮"式的个人英雄主义、分而治之的传统做法已被时代所淘汰。团队建设离不开先进的经营理念和团队价值观的塑造，需要先进的企业文化来传递和灌输，需要树立正确的得失观。弘扬奉献精神，正是团队成功的有效保证。有了奉献精神，团队成员才会齐心协力，为了共同的目标，找准位置，明确责任，自觉认同肩负的重任并竭尽全力为之而奋斗。

3. 凝聚核心

核心，在现代企业中指高层管理团队（TMT），它是决定组织发展和影响组织绩效的核心群体。高层管理团队是企业发展到一定阶段，为了适应复杂多变的经营环境而出现的一种新型核心决策群体组织形态。这种组织形态的发展是与企业特性及其所处的经营环境密切相关的。在现代公司制企业中，企业核心通常由董事会成员及正、副总经理，以及其他共同参与战略决策的高层管理者组成。

凝聚核心，要求高层管理者在核心价值观的引领下，保持一致的目标，各司其职，默契和谐，形成理念与时俱进、意志坚定统一、方法精准高效的现代企业管理核心群体，并由此引领整个企业的员工走上正确的道路。

与时俱进。对理念的准确把握和一致的理解，是凝聚核心的前提条件。一个企业最终能达到什么样的高度，很大程度上取决于该企业的高级管理层具有怎样的管理智慧。与时俱进是顺应潮流发展的必然要求，面对不断变革的经营环境，企业的核心管理层对经营理念的准确把握尤为重要。企业高层管理团队要根据企业的实际情况和整体经营环境变化，适时调整完善对策和措施。

统一意志。现代企业的高层管理团队几乎都是复数构成，现代企业中集体决策是主流方式。这意味着高层管理团队成员之间需要协调好关系，在共同目标的驱使下，各司其职，各尽其力。由于个体对经营管理的理念有时不尽相同，见解也很难完全一致，所以管理团队成员之间的意见冲突无法避免，但只要基于同样的出发点和目标，那么由此形成的矛盾绝非无法调和。求同存异，寻求"最大公约数"，是形成企业统一意志的有效方式。高层管理团队的成员尤其需要加强对尊重、沟通、坦诚、理解的践行，遇到问题化解分歧，达成共识，最终形成执行力，统一企业发展意志。

精准高效。方法是企业达到经营管理目标的具体路径，是一个不断实践和总结创新的过程，没有标准答案，只有结果的好与坏。对高层管理团队而言，必须将方法放在经营管理实践过程中加以检验，不断摸索改进，权衡利弊，明辨得失，以行之有效作为衡量标准，方法得当，整个企业的士气和正能量，也将越来越充沛。方法的精准高效，是凝聚核心的可靠保障。

"山重水复疑无路，柳暗花明又一村。"企业经营管理是一条艰辛的探索之路，荆棘丛生，坎坷遍布，但梦想的追求不变，天道酬勤，永不放弃，终能找到繁花似锦的答案。

理念引领企业行为，方法决定行为结果。时代在进步，社会在发展，理念和方法要与时俱进，适应环境变化的要求。只要笃定前行，行稳致远，就能开创现代企业创新发展的新途径。

附 录

岁月撷珍　知行合一

——从博物馆典藏纵览银行经营管理的沧海桑田

鉴往知今明理

金融历来被誉为百业之首。中国近代金融业历经了汇通天下的兴盛，流金岁月的繁华，也见证了百折不挠的奋进，励精图治的变革。金融历史源远流长，留给我们一笔丰厚的文化馈赠。

经济决定金融，金融服务经济。从传统钱庄到现代银行的发展历程中，金融行业随着经济的发展、时代的进步和环境的变迁，其业务的种类、经营的模式都在经历不断发展和创新的过程。但是金融服务的本质不改，初心不变。以服务客户为中心，以最大限度满足客户需求为目标，有效管理企业，既成就员工也成就企业等，这些理念既是名垂史册的金融先驱毕生孜孜以求的目标，也是新一代金融家继承和弘扬并始终秉持的信

图1　银行博物馆外景

念。而层出不穷的各种方法正是解决这些问题的良药。理念与时俱进符合时代发展，方法与日俱新顺应管理需求，从历史的土壤中汲取养分，从前人的思想实践中获得智慧，博物馆中泛黄的史料、斑驳的照片和充满岁月印记的文物，折射出的正是前人在经营管理中理念与方法交相辉映的光芒。

回溯百年金融沧桑，栉风沐雨，上下求索。如今，中华民族正处在一个伟大的变革时代，我们通过对银行经营发展历史

的研究，除了传承弘扬金融文化，提升全民金融素养，承担社
会责任之外，也是从一个侧面，不断来探索和诠释企业经营理
念与方法的辩证统一。

沧桑回眸话兴

博物馆，是一座通过文物来真实还原历史面貌、传承人文
精神、汲取前人思想养分的文化殿堂。上海市银行博物馆典藏
大量中国古近代各类金融史料和文物，通过梳理研究和公开展
示，真实反映了中国金融历史和银行经营的脉络。目前，银行

293

图 2 银行博物馆馆名墙

博物馆已经成为上海国际金融中心建设中一处著名的文化地标和一扇独特的传播窗口。念念不忘，必有回响，我们心怀敬畏，不断对金融历史进行"望、闻、问、切"，从各种历史现象和事件中抽丝剥茧，为的就是不断探寻和印证金融行业经营管理的本质和内涵，以及所秉持的理念和方法，为现代企业经营管理提供历史的借鉴。

1. 雏形——中国传统信用机构

中国传统的信用机构主要有钱庄、银号、票号、典当行等。其中，钱庄最早产生于 400 多年前的明朝末年，主要经营货币

图 3　传统信用机构展示场景

兑换和存、放款及汇兑等业务；银号与钱庄的性质、业务相似；
票号是专营汇兑业务的金融机构，出现于清朝道光初年；典当
也称当铺或押，是以收取动产作为质押，向抵押者放款的机构，
其原型可追溯到南北朝时由寺庙经营的质库。

2. 引入——外商银行在华的发展

第一次鸦片战争后，中英签订《南京条约》，五座沿海城市
被辟为通商口岸，随着对外贸易日益发达，外国银行也陆续来
到中国设立分支机构。第一家在华外资银行是英商设立的丽如
银行，又称东方银行。此后，英、法、德、日、俄、美等各国

图 4　外资银行展示场景

银行相继来华设行。到 1937 年全面抗战爆发前,据《全国银行年鉴》统计,在华外资银行有 29 家。外资银行的进入,给中国带来了现代银行的经营方式和经营理念,培养了一批通晓现代银行业务的华人,加速了中国人自己办现代银行的进程,增强了振兴民族金融业的信心。

3. 萌芽——华资金融机构的兴起

1897 年 5 月 27 日,中国人自己创办的第一家银行——中国通商银行成立。其后,清政府陆续创办了大清户部银行和交通银行,前者是中国最早的国家银行。

20 世纪初,随着中国民族工商业的发展,出现了纯粹私人资本的银行,其中最具代表性的是被称为"南三行"和"北四

图 5　第一家华人自办银行——中国通商银行大楼模型

行"的 7 家银行。此外，川帮和广帮银行，在中国近代私营银行中也占有相当的地位。

在华资银行迅速发展的上海，陆续出现了银行公会、票据交换所、证券交易所等金融机构，银行、证券、信托、保险及黄金市场全面发展。

图 6　华资银行展示场景

图 7　证券市场发展情况展示场景

4. 成长——上海成为远东金融中心

1927 年 4 月，国民党在南京成立国民政府后，即着手控制金融。到 1935 年，南京国民政府形成了以中央银行为核心的"四行二局"官僚资本金融体系。在这一时期，上海逐渐成为名副其实的全国金融中心：各金融首脑机构集中上海，在华外资金融机构以上海为主要活动中心，全国现银大量集中上海，有的年份上海的流动资金占全国的一半以上，上海的金融资力雄厚，存款额占全国存款总额的 30%—40%。

图 8 "四行二局"体系及上海金融中心展示场景

　　为解决中国长期币制混乱的问题，南京国民政府于 1933 年实施了"废两改元"政策，废止银两，采用统一的银本位币，为下一步币制改革作准备。1935 年 11 月 3 日，国民政府财政部发布《施行法币布告》，实行法币政策。以中央银行、中国银行、交通银行以及 1936 年以后的中国农民银行四家银行所发行的纸币作为法币。法币政策让中国摆脱了 1934—1935 年的金融危机，该政策的最大贡献就在于此。

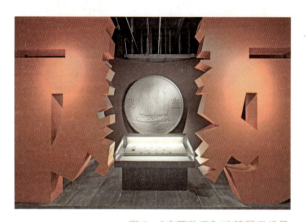

图 9 "废两改元"政策展示场景

5. 动荡——南京国民政府晚期的恶性通货膨胀

　　实行纸币流通制度符合世界币制的潮流，而且客观上又为抗日战争做好了币制上的准备。但后期由于战争等因素，国民政府滥发不兑现纸币来填补财政赤字，由此发展为恶性通货膨胀。1948 年发行"金圆券"，规定人民以黄金兑换，国统区币值跌落，物价飞涨，陷于恶性通货膨胀。"金圆券"10 个月的贬值程度，比法币 14 年的贬值程度还超过 100 倍。"金圆券"的出笼，加速了经济金融的全面崩溃。

图 10　恶性通货膨胀时期挤兑黄金场景

6. 解放区的创业——红色金融的壮大历程

　　1948 年 12 月 1 日，华北银行、北海银行和西北农民银行合并成立中国人民银行。在此之前，中国共产党领导下的银行业经历了革命根据地银行、抗日根据地银行、解放区银行三个阶段，为各个时期根据地或解放区的工农业发展、支援战斗发挥了积极作用。中华人民共和国成立后，原各根据地及解放区的地方性银行，分别成为中国人民银行分支机构，中国人民银行成为全国集中统一的国家银行。

图 11　中国人民银行成立场景

7. 稳定——中华人民共和国成立之初的银行业

中华人民共和国成立后，对官僚资本金融机构进行了接收，主要包括"四行二局一库"、"省、市银行"、其他官僚资本金融机构、官商合办银行中的官僚资本等；打击投机稳定市场，开展"银元之战"，开办折实储蓄；对民族资本金融业进行了整顿和改造，于 1952 年基本完成，成立了处于中国人民银行领导下的公私合营银行。

图 12　中华人民共和国成立后的金融举措展示

8. 改革——中国共产党十一届三中全会后的银行业

　　1978 年 12 月，中国共产党十一届三中全会作出了把全党工作重点转移到社会主义现代化建设上来的战略决策。40 年来，中国金融业经历了不断探索和渐进式的改革历程，取得了举世瞩目的成就。目前，已形成了银行、证券、保险等功能齐全、分工合作、政策性金融和商业性金融协调发展的金融机构体系。

　　自 1979 年起，中国人民银行打破"大一统"的格局，中国农业银行、中国银行、中国人民建设银行先后从中国人民银行和财政部分设出来。1983 年 9 月，国务院决定中国人民银行专门行使中央银行职能。1984 年 1 月，中国工商银行成立，接办原中国人民银行办理的工商信贷和储蓄业务。1987 年 4 月，重新组建的交通银行正式开业，总行设上海。

图 13　保险、黄金、证券等金融市场发展展示场景

图 14　中国工商银行储蓄所场景复原

9. 深化——商业银行的股份制改革

随着改革开放的春风不断深入，中国的银行业日益发展，进入 21 世纪，股份制商业银行因其在制度竞争力、公司治理结构和约束激励机制上的优势，而成为国有商业银行新一轮改革的新思路和新目标。2002 年 2 月，全国金融工作会议提出，国有银行要建立良好公司治理机制和进行股份制改革。2003 年 10 月，中国共产党十六届三中全会决议进一步明确，选择有条件的国有商业银行实行股份制改造，加快处置不良资产，充实资本金，创造条件上市。中国工商银行于 2005 年股改，2006 年在沪港两地上市，拉开了国有商业银行股份制改革的序幕。

图 15　2006 年 10 月 27 日，中国工商银行上市仪式在香港联交所交易大厅举行

10. 崛起——现代银行的全球影响

在新的历史时期，中国金融业经受了国际金融危机的考验，并以蓬勃发展之势，日渐成为全球金融业瞩目的焦点，国际地位与话语权不断增强，全球金融中心东移之势明显。2013 年，英国《银行家》杂志发布的全球银行排名中，中资银行在前十名中坐拥四席，中国工商银行更以其资产规模、盈利能力等综合实力排名第一。从曾经的国有银行，到股份制银行，再到盈利能力在全球同行业中遥遥领先的银行，改革开放 40 载，以

305

图 16　现代商业银行的智能趋势

各大国有银行为代表的中国银行业正见证着中国现代金融业的崛起。

通过创办银行博物馆，审视中国近现代银行业发展的历史和现实，倾听百年金融岁月的呼喊和回响，不断激发我们思考：这段波澜壮阔的历程，究竟能为现代企业的经营和管理带来怎样的启示？

金融业随经济的发展而兴盛，金融又是经济的"血脉"，血脉通则经济活，为经济服务是金融的天职，也是金融的宗旨和根本目的。经济和金融之间，是相互作用的辩证统一关系。

金融稳定，则经济稳定。历史上的多次金融风潮，给社会带来动荡，给生活带来不安，甚至关乎政局安危。因此，金融的"血脉"要保持健康，就必须不断加以治理和"净化"。

金融业的健康发展，需要稳定和奋进的大环境，需要适合行业发展的法律、规章和制度予以保驾护航。更重要的是，金融行业的管理者们，需要秉持正确的经营管理的理念，采用适合社会经济发展并符合企业运行客观规律的方法，只有这些条件相结合，金融行业才能不断为社会经济的发展发挥好"造血"功能。这些都是前人在不断探索和实践中，给予我们的"温故知新"的启迪。

珠联星聚赏珍

图 17　中国通商银行广东通用银圆壹圆纸币（清）

　　中国通商银行是中国人自办的第一家银行。此中国通商银行广东通用银圆壹圆纸币发行于光绪二十四年（1898 年），是华资银行最早发行的纸币之一。由于其回收彻底，存世极罕，弥足珍贵。

图 18　天平（清末—民国）

　　早期金融机构称银两使用的天平。底座为红木木箱，分上下两层抽屉。下层抽屉用于放置砝码，铁质支架和铜盘可收起放入上层抽屉内。使用时有两个木质圆盘垫放于铜盘底下，以在盛放银两和砝码时，保持铜盘平稳。老银行服务较注重体现人性化，在进行金银等贵金属兑换业务时，常根据客户要求采取上门服务，故该天平可拆卸式的设计也极为便携实用。

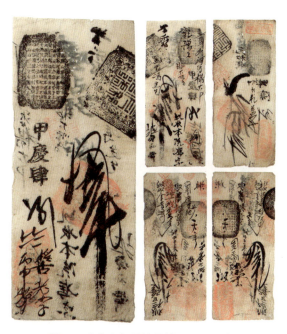

图 19　北京官银号精品钱票一组（清）

　　北京是清代的都城，也是北方的金融中心。由清朝北京金融机构发行的钱票是私钞中精品，也是研究清代京城金融业、票帖流通及商业活动、民族经济的珍贵史料。道光二十五年（1845年），清内务府设立天元、天亨、天利、天贞和西天元五家官钱号，统称"五天官号"。如今能见到的官号钱票有"五天官号"，以及乾恒、乾丰、宇升、宇恒等官号钱票，均以张论，相当稀少。

图 20 "乾恒官号"户部官票（清）

户部官票从咸丰三年（1853 年）发行至咸丰十年（1860年），共有四个版别，其中尤以第一版手写体最为稀少。此版"乾恒官号"户部官票为手写体壹两，这种面值的官票总量在五十枚之内，十分罕见。其发行日期较早，为天字号第一版。背面盖有"户部乾恒官号"官戳，堪称绝版珍品。

图 21　山东烟台顺泰号汇兑钱庄通用洋元壹元（清）

　　烟台顺泰号汇兑钱庄是清末山东著名的金融机构。该券正面上方是钱庄中文号名"山东烟台顺泰号汇兑钱庄"，中间是"通用洋元壹圆"。两侧印有发行公告，下方签有庄主的中英文签名。背面左侧印有庄主半身像，右侧方框中直式印有本庄的十五个汇兑处。烟台顺泰号汇兑钱庄壹元不仅是目前仅见的以汇兑钱庄命名的钱庄纸钞，也是唯一印有包括国外如此之多汇兑城市的钱庄纸钞，为研究钱庄历史及纸钞发行史提供了宝贵的史料。

图 22　郑家集杨德兴号印章（清末—民国）

　　该印章质地为牛角，属防伪章。印章中央为横书"郑家集"、竖书"杨德兴号"，周围文字为《朱子家训》全文，共552字，每字仅有半粒大米的大小，令人叹为观止，乃存世一大孤品。

图 23　历代银锭一组（唐一清）

　　我国使用银铸的货币历史可追溯至春秋中叶。隋唐时期块
状银两被称为银铤。元代时，银铤改称为银锭，元代铸五十两
银锭背凿"元宝"二字，因而有此称谓。此后至国民政府时期
白银一直伴随着铜质货币在流通使用。许多银锭上刻有铭文，
主要记载银锭铸造的时间、地点、用途、重量等。此为历代精
品银锭一组。

图 24　新丽如银行股票壹佰股（清）

　　新丽如银行的前身是丽如银行，是最早进入中国的外资银行。该行于 1884 年因亏损严重而停业清理。半年后，在原创办人卡基尔的推动下，成立了新丽如银行股份有限公司，总行仍在伦敦，资本总额达到 200 万英镑。海外分行由当地有势力和影响的股东组成董事会。由于其资本少，且名声已经受损，经营仍不见起色，并在外汇经营上遭到损失。1892 年 6 月 9 日，伦敦新丽如银行总行决定停止营业，上海分行亦告清理，年底分行营业大楼售与麦加利银行。此枚丽如股票发行于 1890 年 2 月 8 日，股数 100 股，计 1000 英镑。丽如银行股票较为多见，而新丽如银行股票则非常罕见。

图 25　中央银行手绘票样（民国）

　　1945 年抗战胜利后，中央银行拟发行新版纸币，设计了多
种样稿。这套纸币手绘稿为单面设计，分别为伍元、贰拾伍元
和伍佰元券。伍元券蓝色，画面为两只石狮；贰拾伍元券暗红
色，画面为日晷、城墙和城楼；伍佰元券绿色，画面则是孙中
山先生全身立像。这三枚中央银行手绘稿，反映了民国时期印
钞造币的流程，体现了设计稿绘制者极为深厚和专业的功力，
具有重要的历史意义，堪称独一无二的存世孤品。

图 26　花旗银行铜招牌（民国）

　　花旗银行创办于清光绪二十七年（1901 年），总行设于纽约，注册资本 300 万美元。1902 年 1 月 1 日在上海设立分行，是最早进入中国的美国银行。1927 年，花旗银行与纽约国民城市银行正式合并，英文行名改为 The National City Bank of New York。中文名称仍沿用花旗银行，其行名来源于民间对美国国旗的称呼。该花旗银行招牌铜质，两面皆有文字，一面为花旗银行中文行名，一面则是花旗银行合并后的英文行名。

图 27　湖南宝兴矿业银行金锭（民国）

　　湖南宝兴矿业银行由湖南省矿务局为发展矿业发起，经都督谭延闿核准，于 1912 年 9 月在长沙开业，谢钟枬任总经理。由于第一次世界大战结束，国际市场对矿砂的需求锐减，该行资金周转困难。1918 年停业清理。该湖南宝兴矿业银行的元宝型贰两半金锭是首次发现，极其珍贵，对研究近代中国金融货币史有着非常重要的意义。

图 28　大清银行壹元兑换券票样（清）

　　该壹元票面左侧为摄政王载沣半身雕像，上方为巨龙腾空图，右下方为帆船图，这是中国历史上第一次使用钢板雕刻印刷技术印制纸币的票样。1911 年爆发辛亥革命，该套纸币未及全面推出即行停印。

图 29　华商上海信成银行壹元（清）

信成银行是清代成立较早、经营出色、成效卓著的股份制银行。虽然该行的历史不长，但它的数项首创和所发行的纸币却在中国银行史和货币发行史上留下了辉煌的一页。

319

信成银行由无锡实业家、曾任清政府三等顾问的周舜卿和上海商人、曾在辛亥革命时任沪军都督府财政部部长的沈缦云倡议开办。清光绪三十二年（1906 年）四月开业。随着业务的发展，该行还在北京、天津、无锡、南京设立分行，并在苏州、镇江设立兑换钞票处。

图 30 《银行周报》汇编大全套（民国）

　　《银行周报》是上海最早的一份金融期刊。自 1917 年创刊后，连续发行 30 多年，在中国金融界绝无仅有。创刊时由张嘉璈主持。内容涵盖了国内外金融讯息、金融组织管理经验等，重视研究本国财政金融问题及金融事业重大建设。在当时的金融界乃至政商界都有较大的影响力。

图 31   中华民国银行公会第五届联合会议皮箱（民国）

全国银行公会成立于 1920 年，第五届会议在北京召开，与
会者 31 人，代表北京、天津、上海、南京、汉口的 23 家银行。
会议公推中国银行副总裁张嘉璈为主席。会议通过了《中华民
国银行公会第五届联合会议议决录》，记录了此次会议的全部情
况。北京银行公会作为此次会议的东道主，特地定制了小皮箱
赠送给与会代表。箱体烫金印记清晰可见，做工极为精致。

图 32　冀东银行赠汤本求真银质纪念杯（民国）

322

冀东银行为日伪银行，成立于 1936 年 11 月。这是该行赠与汤本求真的银质纪念杯，上镌"汤本先生荣归纪念，冀东银行总行敬赠"字样。汤本求真（1876—1941 年）系日本的中医学者，被后世誉为日本的中西医结合先驱。银行制作的银质纪念杯非常少见，刻有银行字样的银质纪念杯全国仅有几座而已。

图 33　国民牌记账机（民国）

　　中国长期以来以算盘为主要计算用具，以手工将计算结果抄录在账页上，直到 20 世纪三四十年代，上海一些大银行开始引进先进的记账工具——记账机，来替代手工操作。该记账机为美国 20 年代国民现金收印公司生产，记账机用铁架支撑，呈立式，外形像打字机，具有记账、计算等功能。在银行手工记账的漫长岁月里，这种机械式记账机能直接计算打印，既准确又减少操作环节，故一直沿用到 20 世纪 80 年代初。该记账机现为存世孤品。

图 34　美国钞票公司钢雕钞版一组（民国）

　　钢雕刻凹版技术是一项集绘画艺术、雕刻艺术和技法于一身的难度极大的技艺。每块优秀的雕刻凹版都是无法仿制的。所以，钢凹版用于纸币印刷，既能丰富票面内容，又有较强的防伪性能，其他印刷方法难以比拟，至今仍有很高的实用价值。这批美国钞票公司的钢雕钞版，件件都是独一无二的精品。

图 35　电车月票一组（民国）

　　1948 年 1 月至 1949 年 5 月上海解放 17 个月的电车月票。1948 年 1 月售价为法币 12 万元，以后月月上涨，到 9 月高达 1000 万元。10 月开始以金圆券计，为 3.33 元。到了 1949 年 5 月，售价为金圆券 112.5 万元，如果倒过来折合法币为 3.3 万亿元，与 1948 年 1 月的 12 万元法币相比，单单一张电车月票就上涨了 2750 万倍，其通货膨胀程度已经到了骇人听闻的地步。

图 36　新疆省银行六十亿元（民国）

　　新疆省银行前身为新疆商业银行，1948 年改组后开始发行
大面额纸币，这是 1949 年发行的面额为 60 亿元的纸币。该券
下端印有"折合金元券壹万元"字样，购买力极其低下，在当
时上海市场上仅能买到 70 余粒米。

图 37 浙江兴业银行上海地名兑换券（民国）

　　浙江兴业银行 1923 年版上海地名的古代人像兑换券非常罕见，尤其是品相极好者极为难得。该套纸币面额分为壹元、伍元、拾元三种，系上海商务印书馆印制，但票面未印年份。经考证，这套人像纸币选用了齐太公、管仲和王阳明为图案，目的是使人物和中国币制的历史发生关系。采用历史文化名人为图案在中国货币史上可谓创举。这套纸币流通时间短，发行数量少，是民国纸币收藏中的一大罕见品。

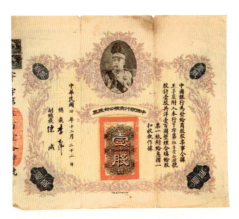

图 38　中国银行袁世凯头像股票壹股（民国）

　　此中国银行股票壹股由财政部印刷局承印，正面上方中央为袁世凯的戎装标准像，股票背面右侧是"附录章程摘要"。股票底色为淡黄色，袁世凯头像采用黑色照片版，四周的牡丹及嘉禾图分别饰以淡紫色。印有袁世凯头像的中国银行股票乃中国老股票之顶级大珍品，具有极高的文物与史料价值，是研究民国早期中国银行业不可多得的珍贵实物。世仅存中国银行袁像股票票样一套，使用过的壹股股票存世 3 枚。

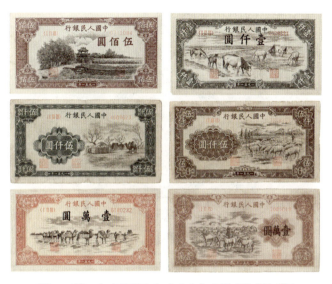

图 39　第一套人民币六大珍（中华人民共和国初期）

329

　　"牧马图"和"蒙古包"是第一套人民币中唯一印有内蒙古文字的 2 枚纸币，由北京印钞厂印制，于 1951 年 5 月 17 日发行。正面主图分别为牧民放牧与蒙古包、骆驼，背面图案均为花，以及蒙文行名与面额。此票发行于内蒙古地区，由于当时广大游牧地区还习惯以物换物，因此该纸币实际流通量很少。"瞻德城"是新疆伊犁地区的一座故城，该券面额伍佰元，是四枚印有维吾尔族文字中最稀少的一枚。其他三枚正面图案分别为壹仟元面值的"马饮水"、伍仟元面值的"牧羊图"和壹万元面值的"骆驼队"，背面均为花幅、维文行名与面值。

图 40 特大型铜质储徽（中华人民共和国初期）

　　1955 年，中国人民银行总行为了进一步扩大储蓄宣传，向全国征集储徽样式。最后在众多稿件中，选择了构思巧妙、寓意含蓄深刻的"古币、麦穗、五星"图案。中国人民银行于 1955 年 9 月 25 日颁发《储蓄徽志新图案》，对储徽含义所作的解释为："外周以我国古币组成齿轮，表示工业化，和中心储蓄两个字相结合，象征把社会零星资金集聚起来，支援国家工业建设；古币集合起来，在内层又形成一道齿轮，与内层麦穗结合象征工农业的发展；五星象征党在国家建设中的领导作用。整个储徽的主题是集聚资金支援工农业生产。"该储徽铜质，直径 1.6 米，为最大的铜质实物储徽，属仅见品。

图41　闽西工农银行股票壹股（民国）

　　1929年3月，中国共产党开辟了闽西革命根据地。次年3月，闽西苏维埃政府在龙岩成立。为了加强革命根据地的经济建设，闽西苏维埃政府采取一系列经济金融措施，其中一项重要的举措就是创办闽西工农银行。1931年11月7日，由革命根据地群众集资20万元创办的闽西工农银行宣告成立。总行设在龙岩，各县城设立分行。20万元资本分为20万股，每股1元，同年该行发行股票。此枚闽西工农银行股票发行于1931年，股数壹股，计壹元，是迄今所知最早发行的革命根据地银行股票，存世仅2—3枚，是见证革命根据地银行业发展的珍贵文物。

图 42　2012 年中国壬辰年（龙年）十公斤金质纪念币

此枚金币为 2012 年中国壬辰年（龙年）金质纪念币，是中华人民共和国法定货币，由中国人民银行发行。重 10 公斤，成色 99.9%，面额 10 万元。图案以"青龙"造型为背景，并刊面额及"壬辰"字样。全球共发行 18 枚，由于数量少且规格大而在现代金银币中首屈一指。

天时　地利　人和

——上海国际金融中心建设

　　"十三五"是中国全面建成小康社会的关键期，也是新时期上海基本建成国际金融中心的重要历史节点。面对新的时代背景，如何抓住机遇，有效推进，实现 2020 年基本建成与中国经济实力和人民币国际地位相适应的国际金融中心战略目标，是"十三五"规划重点解决的关键课题。

　　历史为根，文化为魂。上海在国际金融中心建设过程中，有一张闪亮的文化"名片"格外引人注目——银行博物馆。银行博物馆自 2000 年成立于浦江之畔，至今已 18 载。2016 年，银行博物馆新馆在黄浦区复兴中路落成并对外开放，在传承金融文化的事业上，又迈出了新的步伐。新馆运行至今，得到了广大观众的热烈反响，参观咨询和预约十分踊跃。通过一系列的宣传推广和特色活动，银行博物馆的社会知名度和影响力得到了进一步提升。

　　格物知史，可明兴衰。银行博物馆既是上海国际金融中心建设的重要组成元素，也是传承金融历史、创新现实乃至迈向未来的最好"见证"。通过打造这一文化平台，一是可以为上海国际金融中心建设发掘城市金融文脉，保存金融文化景观，夯实金融文化基础，提升上海国际金融大都市的文化软实力；二是可以利用银行博物馆的丰富馆藏资源，来传承、传播和传扬中国源远流长的金融历史和博大深厚的金融文化底蕴，为上海金融中心建设的改革实践和创新发展，提供历史的借鉴，注入文化的灵魂；三是可以通过银行博物馆开展各类教育、学术活动，来促进市民金融素养，普及金融历史文化知识，助力金融学术研究和课题创新，推动金融学术著作和期刊的编撰与出版等，从理论和研究的层面，开展有益的探索和实践；四是可以充分发挥银行博物馆的社会功能和优势，为志同道合者提供交流合作的平台，承担金融业者的历史和社会责任，为上海国际金融中心建设汇集全社会的智慧与力量。

天时：历史兴趋势

所谓天时，就是观历史、顺大势、谋大局、抓机遇

上海金融的昨天、今天和明天，一定程度上代表了中国金融的历史、发展和未来，是中国金融改革发展过程的一个缩影。一般来说，金融中心往往具有金融机构汇聚、资金交易密集、要素市场齐全、辐射影响深远等特点。早在 20 世纪 30 年代，上海已经正式确立中国金融中心及远东金融中心的地位。

20 世纪上半叶，上海银行业空前发展，全国金融首脑机构云集，在上海的 43 家银行公会会员银行中，有 35 家总行设于上海，占总数的 81%，1936 年上海有外资银行 27 家，数量超过当时香港的 17 家、东京的 11 家和孟买的 13 家；社会货币资本大量集中，1936 年在沪银行的已缴资本、公积金、存款、兑换券四项可运用的资力来统计，高达 32.7 亿元，已经占到全国的 47.8%；各类金融市场发达程度远远高于国内其他城市甚至亚洲其他主要金融重镇，证券市场经营外商公司股票和债券，具有国际性，外汇、黄金等要素市场交易高度活跃，上海外汇市场的活跃性远胜于日本对外汇实行的封闭式管制，黄金和白银市场规模与交易量不仅超过东京、大阪，黄金市场成交最多

的年份为3116万条，远超巴黎黄金市场；上海与伦敦、巴黎、纽约、柏林之间的资金流动广泛，上海的汇市、金银市场，也对国际市场有着密切的关联、互动和影响。到了20世纪30年代，上海已经是名副其实的远东第一金融中心。1937年抗战全面爆发，上海成为一座"孤岛"，尽管在战时严峻的形势下，上海的金融活动仍在持续，私营银行和钱庄照常营业，"中、中、交、农"四行依然在办理重要业务，外商银行几乎原封不动。但是外汇、证券等金融市场动荡开始加剧，起伏无常，投机之风日盛，演变成一种畸形的繁荣。这种动荡局面，直到日本投降后才结束。历经日伪统治的上海，依旧是制造业集中地、商业重镇、交通和国际贸易的枢纽，原本内迁重庆的国家行、局重回上海，可见上海金融中心的地位和重要性并未改变。中华人民共和国成立后，上海金融业百废待兴，通过接收接管和改组改造历史遗留下来的金融机构，稳定物价和市场，重建货币金融体系，积极开展储蓄事业等一系列措施，度过了艰难而不平凡的岁月。改革开放以来，上海作为国内的经济、金融、贸易和航运中心，立足改革先行者和排头兵的角色定位，率先在经济金融领域开展一系列创新变革。1992年，党的十四大提出建设上海国际金融中心；2009年，国务院正式出台关于推进上海建设国际金融和航运中心的意见，确立了上海国际金融中心的国家战略定位。多年来，上海依托国家战略，服务国家战略，在金融市场、机构集聚、对外开放、自贸区金融创新和金融发展环境等领域，积极探索，锐意变革，取得丰硕成果，金融业总量快速增长，要素市场更加齐全，金融服务功能逐步完善，作为金融中心的国际影响力大大提升。

近年来，国内外经济金融形势变化很快，国际金融市场格局持续调整，新兴市场国家地位逐步提升，中国经济进入新常态，对外开放迈入新阶段，利率市场化、人民币国际化等多项重大金融改革创新持续加速推进。面对快速变化的环境，上海坚持以变应变，把握天时，踩准节点，抓住机遇，主动作为，向着 2020 年基本建成国际金融中心的宏伟目标持续迈进。应该说，"十二五"期间上海国际金融中心建设取得的成绩，与上海始终"融入改革开放大格局，紧扣经济转型大背景，把握科技创新大趋势"的理念和作为是分不开的。上海坚持"先行先试"，抓住首批自贸区试点契机，加快推进金融创新，在机构、市场、业务和机制等方面积极探索，强化市场化、国际化运作和定价功能，全球化资金和资源配置水平持续提升，在国际市场影响力和话语权建设上取得了积极成效。上海坚持"金融引领"，着力发挥金融在经济中的核心作用，以新的金融服务模式促进经济转型和业态变革，优化资源配置，产业结构升级和经济增长方式转变呈现良好态势，实体经济与金融的互动演化日益增强，为金融创新的孕育和深化提供更实的基础。上海坚持"科技驱动"，科技要素尤其是互联网技术在金融创新发展中的渗透力和驱动力日益凸显，加之当前正在加快推进的科创中心建设，必将促进科技、金融乃至信息的进一步深度融合，助力上海打造互联网时代的新型金融中心。

地利：平台见优势

所谓地利，就是倚特色、建平台、汇资源、提功能

上海之所以能在百年前集聚为金融中心，百年后又被赋予国家战略定位，得益于其在历史和自然演化下形成的区域特色。1927年南京国民政府成立后，上海的地理位置靠近首都，获得了金融也快速发展的大好良机。上海作为长江"黄金水道"的龙头，当时便是全国第一大商埠，交通便利，运输发达，为中国贸易的咽喉要地。上海远东航运中心地位的确立，也有助于远东贸易和金融中心的形成。1931年，上海港的吞吐量便已经排名世界第七，其地位可见一斑。多年来，上海作为长三角经济带的龙头，是首批开放的港口城市，也是航运和贸易中心，

各类市场发达，企业总部、金融机构、资金、信息、技术、人才集聚，具有扎实的要素基础和强大的比较优势。这些要素和优势，为金融业发展搭建了绝佳的资源平台，是推进国际金融中心建设的强大引擎。事实上，国际上著名的金融中心城市，大多兼具自由贸易、航运航空和科技中心的定位，同时在文化交流和旅游观光功能上也是佼佼者。"十三五"期间，"一带一路"建设，自由贸易试验区、科创中心、"长江经济带"等一系列重大战略深入推进，将进一步凸显和放大上海的区位优势，为上海在改革开放进程中推进国际金融中心建设加码助力。

近年来，上海依托地利加快推进国际金融中心建设，核心在于通过跨区域、跨境、跨市场的联动、对接与整合，将资源和平台优势转化为生产力、集聚力和辐射力，形成了"一龙头、两协同"的整体推进模式。"一龙头"就是发挥长三角龙头效应，随着长江经济带发展战略的进一步落实，跨区域全面合作将深度展开，各类产业联动集聚区、金融服务平台集聚区将蓬勃发展，长三角经济资源将得到充分的整合利用，上海服务长三角、服务长江经济带、服务全国的能力与水平也将进一步提升，这些对建设国际金融中心非常有利，是地利优势在新常态下的"再加强"。"两协同"，分别是国际金融中心建设与自贸区建设的协同发展、金融机构体系和金融市场体系的协同建设。

尤其是自贸区平台，作为金融改革创新的突破口，为上海国际金融中心建设提供了新的强大引擎，对提升金融市场化、国际化水平起到了关键作用。随着自贸区建设的深入推进，重大金改措施陆续推出，自贸区金融创新活力正被加速激发、溢出效应持续显现；通过进一步丰富内涵、拓展外延，必将形成"牵一发而动全身"的大爆炸效应，促进金融业模式转型和质态变革，加速面向国际金融市场平台走向成熟，进而推动整个金融业新一轮跨越式发展。此外，上海还充分依托多年形成的机构集聚优势，在进一步健全多层次金融市场体系的同时，着力提升金融机构的自主创新和综合服务能力，鼓励新机构、新市场、新业态布局和经营拓展。可以预见，随着金融市场成熟度和影响力的进一步提升，上海将吸引更多金融机构入驻，尤其是紧贴市场的功能性总部机构将进一步集聚，形成"机构依托和参与市场、市场反哺和集聚机构"的良性发展格局。

人和：环境造锐势

所谓人和，就是育生态、促创新、破瓶颈、激活力

"蓬生麻中，不扶而直，白沙在涅，与之俱黑。"良好的金融生态对于金融中心建设的重要性不言而喻。20 世纪 30 年代的上海，国际、国内环境相对和平、宽松和自由，在这样的土壤中，上海涌现出一大批具有影响力的金融家和金融机构。这些金融家，是中国第一批现代金融原理和银行实务的掌握者、传播者和运用者，大多数都有在美、日、英、法等国留学和工作的经历，具有广阔的国际视野和丰富的管理经验，有各种值得称道的经营方略。以当时著名的"南三行""北四行"为例，这些商业银行紧跟当时的时代步伐，不断创新业务，强调服务社会，改善经营管理，重视培养人才，营造企业文化，至今仍对现代银行的经营有着深远的影响。近年来，上海着力于国际金融中心硬件建设、机构集聚和市场规模提升的同时，也注重加强金融发展环境建设，努力提升竞争软实力，在金融人才、政府职能转变、制度流程等方面的一系列政策措施，已取得积极效果。但是，与国际先进的金融中心相比，在金融生态环境的成熟度和适应性方面仍存在一些差距。比如金融人才，总量、结构和竞争力仍不适应金融业快速发展的需要，科技金融、互联网金融等新型金融领域人才、高端专业人才、国际化人才和领军人才仍显紧缺。同时，市场开放性和制度灵活性一定程度也是制约金融业创新发展的重要因素。比如，自贸区和科创中心是上海国际金融中心发展的重要依托，政策红利有待有进一

341

步加速释放，部分制度设计相对于快速多元的创新需求还不够灵活。再比如，金融市场开放程度上，外资准入限制依然较多，对金融中心的国际化程度、全球市场定价权和话语权提升造成一定的制约。

"不拒众流，方为江海。"金融生态环境的建设和优化，根本上依赖更大的开放和更大的改革。

在人才方面，各级部门需要逐步从人才微观管理过渡到以行使公共服务职能为主。一方面，积极开展人文环境、交通设施、城市规划、信息服务等配套建设，在个人所得税差异化管理、户籍政策、子女家庭生活等方面作一些有益的设计和突破，不断吸引高层次金融人才；另一方面，处理好"进"与"用"的问题，更多地"让市场选人，让企业用人"，突出人力资源的"质""效"导向，通过"进"集聚数量充分、结构合理、素质匹配的金融从业人员，通过"用"充分发挥人才效能和潜力，真正锻造人力资本优势。

在制度方面，各级部门需要更多地以市场化思路，加大开放式管理力度，尤其应在完善创新环境上下功夫。比如结合金融监管创新，在现有的"创新互动机制"基础上，更多融入创新容错、创新监督和创新推广等方面的"机制性元素"；在鼓励先行先试、增强自主创新能力的同时，加强有效的动态监督和后评价，提高创新的市场契合度、规范性，确保风险可控下最大限度激发活力，促进创新成果推广。为此，制度层面的协调就非常关键，尤其是加强与监管机构的制度协调，通过动态梳理、协调、解决国际金融中心建设推进中遇到的瓶颈问题，不断完善问题的发现、协调和回应机制。

在创新方面，牢牢把握科创中心建设重大发展机遇，深化配套金融改革政策的落地实施，发挥多层次资本市场支持作用，推进多元化信贷服务体系创新，进一步推动科技与金融紧密结合，提高科技创新企业融资的可获得性。比如开展投贷联动融资服务方式创新，推进科技金融机构体系创新，推动股权投资创新试点，鼓励科技创新企业多渠道开展直接融资等。

在国际化方面，依托人民币国际化和上海自贸区改革的叠加效应，以自贸区平台为载体，通过自贸区领域的金融服务创新，全力推进跨境人民币业务发展。加快建立跨境联动服务模式，积极参与全球市场，形成跨境结算、融资、资金管理等一体化金融服务产品体系，助力"一带一路"以及"走出去"项目，提高自贸区金融服务能级。

图书在版编目(CIP)数据

理念与方法:经营管理若干问题研究/沈立强著
.—上海:上海人民出版社,2018
ISBN 978-7-208-15205-2

Ⅰ.①理… Ⅱ.①沈… Ⅲ.①企业经营管理-研究
Ⅳ.①F272.3

中国版本图书馆 CIP 数据核字(2018)第 106314 号

责任编辑　王舒娟
封面设计　甘晓培

理念与方法
——经营管理若干问题研究
沈立强 著

出　　版　上海人民出版社
　　　　　(200001　上海福建中路 193 号)
发　　行　上海人民出版社发行中心
印　　刷　上海中华商务联合印刷有限公司
开　　本　787×1092　1/16
印　　张　22.25
插　　页　6
字　　数　188,000
版　　次　2018 年 10 月第 1 版
印　　次　2018 年 10 月第 1 次印刷
ISBN 978-7-208-15205-2/F·2533
定　　价　158.00 元